PSYCHODYNAMIK **Kompakt**

Herausgegeben von
Franz Resch und Inge Seiffge-Krenke

Gereon Heuft

Psychodynamische Gerontopsychosomatik

Mit 3 Abbildungen und einer Tabelle

Vandenhoeck & Ruprecht

Bibliografische Information der Deutschen Nationalbibliothek:
Die Deutsche Nationalbibliothek verzeichnet diese Publikation in der
Deutschen Nationalbibliografie; detaillierte bibliografische Daten sind
im Internet über http://dnb.de abrufbar.

© 2018, Vandenhoeck & Ruprecht GmbH & Co. KG,
Theaterstraße 13, D-37073 Göttingen
Alle Rechte vorbehalten. Das Werk und seine Teile sind urheberrechtlich
geschützt. Jede Verwertung in anderen als den gesetzlich zugelassenen Fällen
bedarf der vorherigen schriftlichen Einwilligung des Verlages.

Umschlagabbildung: Paul Klee, Aufgehender Stern, 1931/akg-images

Satz: SchwabScantechnik, Göttingen
Druck und Bindung: ⊕ Hubert & Co. BuchPartner, Göttingen
Printed in the EU

Vandenhoeck & Ruprecht Verlage | www.vandenhoeck-ruprecht-verlage.com

ISBN 978-3-525-40641-0

Inhalt

Vorwort zur Reihe 7

Vorwort zum Band 9

1 Gerontopsychosomatik – Definition und
  kurze historische Entwicklung 11

2 Psychodynamische Entwicklungspsychologie
  des Lebenslaufs 17
  2.1 Die Bedeutung des körperlichen Alternsprozesses –
      ein psychosomatisches Paradigma 17
  2.2 Bisherige entwicklungspsychologische Modelle 18
  2.3 Organisatoren als Triebfeder der Entwicklung 24
  2.4 Vulnerabilität und Resilienz – klinische Konsequenzen 31

3 Gerontopsychosomatik psychischer Störungen 37
  3.1 Psychische Störungen im Alter 37
  3.2 Zur Diagnostik in der Alterspsychotherapie 38
  3.3 Eine Typologie psychischer und psychosomatischer
      Symptombildungen im Alter 39
      3.3.1 Späte Auslösesituationen neurotischer Konflikte ... 41
      3.3.2 Das Konzept Aktualkonflikt 43
      3.3.3 Posttraumatische Belastungsstörungen und
            Trauma-Reaktivierung im Alter 49
  3.4 Intergenerationale Perspektiven von Traumafolgen 58

4 Behandlungsansätze psychodynamischer Psychotherapie
  im Alter 60
  4.1 Besonderheiten, technische Modifikationen und
      spezifische Themen 60
  4.2 Altersspezifische Übertragung 61
  4.3 Gegenübertragungsprobleme und Eigenübertragungs-
      phantasien bei chronologisch jüngeren Therapeuten 62
  4.4 Differenzielle Behandlungsansätze in der
      Psychotraumatologie 64
  4.5 Wirksamkeit von Psychotherapie im Alter 68

Literatur 70

Vorwort zur Reihe

Zielsetzung von PSYCHODYNAMIK KOMPAKT ist es, alle psychotherapeutisch Interessierten, die in verschiedenen Settings mit unterschiedlichen Klientengruppen arbeiten, zu aktuellen und wichtigen Fragestellungen anzusprechen. Die Reihe soll Diskussionsgrundlagen liefern, den Forschungsstand aufarbeiten, Therapieerfahrungen vermitteln und neue Konzepte vorstellen: theoretisch fundiert, kurz, bündig und praxistauglich.

Die Psychoanalyse hat nicht nur historisch beeindruckende Modellvorstellungen für das Verständnis und die psychotherapeutische Behandlung von Patienten hervorgebracht. In den letzten Jahren sind neue Entwicklungen hinzugekommen, die klassische Konzepte erweitern, ergänzen und für den therapeutischen Alltag fruchtbar machen. Psychodynamisch denken und handeln ist mehr und mehr in verschiedensten Berufsfeldern gefordert, nicht nur in den klassischen psychotherapeutischen Angeboten. Mit einer schlanken Handreichung von 70 bis 80 Seiten je Band kann sich der Leser schnell und kompetent zu den unterschiedlichen Themen auf den Stand bringen.

Themenschwerpunkte sind unter anderem:
- *Kernbegriffe und Konzepte* wie zum Beispiel therapeutische Haltung und therapeutische Beziehung, Widerstand und Abwehr, Interventionsformen, Arbeitsbündnis, Übertragung und Gegenübertragung, Trauma, Mitgefühl und Achtsamkeit, Autonomie und Selbstbestimmung, Bindung.
- *Neuere und integrative Konzepte und Behandlungsansätze* wie zum Beispiel Übertragungsfokussierte Psychotherapie, Schematherapie, Mentalisierungsbasierte Therapie, Traumatherapie, internet-

basierte Therapie, Psychotherapie und Pharmakotherapie, Verhaltenstherapie und psychodynamische Ansätze.
- *Störungsbezogene Behandlungsansätze* wie zum Beispiel Dissoziation und Traumatisierung, Persönlichkeitsstörungen, Essstörungen, Borderline-Störungen bei Männern, autistische Störungen, ADHS bei Frauen.
- *Lösungen für Problemsituationen in Behandlungen* wie zum Beispiel bei Beginn und Ende der Therapie, suizidalen Gefährdungen, Schweigen, Verweigern, Agieren, Therapieabbrüchen; Kunst als therapeutisches Medium, Symbolisierung und Kreativität, Umgang mit Grenzen.
- *Arbeitsfelder jenseits klassischer Settings* wie zum Beispiel Supervision, psychodynamische Beratung, Soziale Arbeit, Arbeit mit Geflüchteten und Migranten, Psychotherapie im Alter, die Arbeit mit Angehörigen, Eltern, Familien, Gruppen, Eltern-Säuglings-Kleinkind-Psychotherapie.
- *Berufsbild, Effektivität, Evaluation* wie zum Beispiel zentrale Wirkprinzipien psychodynamischer Therapie, psychotherapeutische Identität, Psychotherapieforschung.

Alle Themen werden von ausgewiesenen Expertinnen und Experten bearbeitet. Die Bände enthalten Fallbeispiele und konkrete Umsetzungen für psychodynamisches Arbeiten. Ziel ist es, auch jenseits des therapeutischen Schulendenkens psychodynamische Konzepte verstehbar zu machen, deren Wirkprinzipien und Praxisfelder aufzuzeigen und damit für alle Therapeutinnen und Therapeuten eine gemeinsame Verständnisgrundlage zu schaffen, die den Dialog befördern kann.

Franz Resch und Inge Seiffge-Krenke

Vorwort zum Band

Die psychischen Auswirkungen des normalen Alternsprozesses sind lange Zeit von der psychotherapeutischen Community vernachlässigt worden. Es geht dabei nicht um gerontopsychiatrische Probleme im engeren Sinne, sondern um ein Verständnis der Ursachen funktioneller Störungen und psychischer Konflikte in Folge der Auseinandersetzung mit den körperlichen Veränderungen und der Biografie. Dabei hat sich das Bewusstsein für die Notwendigkeit, vor allem Störungsaspekte der normal-konflikthaften Entwicklung in der zweiten Hälfte des Erwachsenenalters in den Fokus zu nehmen, seit den 1990er Jahren geschärft.

Die Wirksamkeit psychoanalytischer Behandlungen auch älterer Patientinnen und Patienten wurde mittlerweile zunehmend belegt und die »Indikationszensur« gegenüber der Psychotherapie dieser Patientengruppe schwächt sich inzwischen langsam ab. Der Begriff der »Gerontopsychosomatik« wurde vom Autor dieses Buches selbst geprägt und – hinterlegt mit umfangreichen wissenschaftlichen Studien – publikatorisch verbreitet.

Zentral für dieses Konzept ist, dass der Alterungsprozess als unabdingbare »Zumutung« der Biologie in enger Wechselwirkung mit psychischen Verarbeitungsprozessen steht. Entwicklungspsychologische Modelle müssen sowohl den Gefahren einer zu einseitigen Defektperspektive des Alterns als auch einer Verklärung des Älterwerdens trotzen. Der innovative Ansatz des Autors beschreibt den körperlichen Alternsprozess als Organisator und Triebfeder der psychischen Entwicklung in der zweiten Hälfte des Erwachsenenalters. Die tägliche Auseinandersetzung mit den körperlich erlebten Veränderungen gehört zu den »unabweisbaren Aufgaben« in dieser Lebensspanne. Vulnerabilitäten und Resilienzfaktoren stehen bezüglich ihrer klinischen Konsequenzen in Wechselwirkung.

Eine dreifach gegliederte Typologie psychischer und psychosomatischer Symptombildungen im Alter umfasst späte Auslösesituationen für neurotische Konflikte, das Konzept des Aktualkonflikts sowie Posttraumatische Belastungsstörungen und Trauma-Reaktivierungen im Alter. Der Aktualkonflikt resultiert aus einer Auseinandersetzung mit den äußeren bzw. körperlichen Realitäten des Alternsprozesses, während die Reaktivierung einer im Lebenslauf frühen Traumatisierung eine besondere Komplikation darstellt. Solche Einbrüche einer frühen traumatischen Erfahrung in das Alltagsbewusstsein können auch bei Menschen vorkommen, die in ihrem Erwachsenendasein bereits eine Traumaverarbeitung geleistet und wichtige Entwicklungsschritte gemeistert haben. Davon abzugrenzen sind die Konzepte einer Retraumatisierung durch neue Erfahrungen im Alter oder durch »erzwungene Erinnerungsarbeit«, die nicht therapeutisch flankiert ist.

Behandlungsansätze werden in ihren technischen Modifikationen ausführlich dargestellt. Innovativ ist auch der Hinweis auf die Eigenübertragung des Behandlers bei der Arbeit mit Älteren in Abgrenzung zu altersspezifischen Übertragungs- und Gegenübertragungsproblemen, auf die im Detail eingegangen wird. Differenzielle Behandlungsansätze in der Psychotraumatologie ergänzen das Bild. Einleuchtende Fallbeispiele und klinische Erfahrungen machen das Buch gut lesbar und lebendig. Der Zugang zu einer psychodynamischen Gerontopsychosomatik wird praxisnah, plastisch und in seinen Besonderheiten überzeugend präsentiert. Angesichts der demografischen Entwicklung sollte das hier vermittelte Wissen fester Bestandteil in Aus-, Fort- und Weiterbildung ärztlicher und psychologischer Psychotherapeutinnen und Psychotherapeuten sein.

Franz Resch und Inge Seiffge-Krenke

1 Gerontopsychosomatik – Definition und kurze historische Entwicklung

Psychosomatische Aspekte alter Menschen beziehen sich auch in Handbüchern eher auf Situationen der körperlichen Pflege und des Lebensendes (z. B. Engel, 1997). Das Lehr- und Forschungsgebiet der Gerontopsychosomatik befasst sich bei über 60-Jährigen darüber hinaus mit
- den psychischen Auswirkungen bzw. der Bewältigung des normalen körperlichen Alternsprozesses – verstanden als psychodynamischer Entwicklungsaufgabe,
- der besonderen Genese, Phänomenologie und Symptomatik psychischer Störungen und Persönlichkeitsstörungen im Alter,
- den nicht organisch bedingten psychosomatischen (»funktionellen«) Störungen und Somatisierungsstörungen alter Menschen,
- den Folgen psychischer Traumatisierungen auch in früheren Lebensabschnitten bei heute Älteren,
- den im Alter vermehrt auftretenden somato-psychosomatischen Wechselwirkungen (Coping; Compliance) bei schweren Körperkrankheiten und
- der Erforschung adaptiver Prozesse im Kontext der im Alter auftretenden Gewinne (»späte Freiheiten«) und Verluste (Rollenverluste; Gefährdung des sozialen Netzwerks).

Methodisch bedient sich die Gerontopsychosomatik sowohl somatisch-biologischer Mess- als auch gerontologisch-psychologischer Forschungsmethoden, wobei die Biografie- und die Psychotherapieforschung in der Psychoanalyse wurzelt. Unter dem Aspekt klinischer Behandlungen diskutiert die Gerontopsychosomatik spezielle psychotherapeutische Behandlungsprobleme aller genannten Forschungsbereiche bei alten Menschen. Zur psychotherapeutischen Intervention stehen die psychodynamischen (tiefenpsychologisch fundierten und psychoanalytischen) sowie die kognitiv-behavioralen Psychotherapieverfahren (vgl. Methodenpapier des Wissenschaftlichen Beirates Psychotherapie, Version 2.8, 2010) zur Verfügung, ergänzt um psychotraumatologischen Behandlungsmethoden (z. B. EMDR; vgl. Kapitel 3.3.3) sowie um spezielle Entspannungsverfahren.

Schwerpunkt dieses Buches sind die psychodynamischen Konzepte sowohl einer Entwicklungspsychologie der zweiten Hälfte des Erwachsenenalters als auch der sich daraus ableitenden Behandlungskonzepte. Dabei ist die kompetente Differenzialdiagnose geronto*psychiatrischer* Störungen, die in diesem Band nicht vertieft wird, ebenso wichtig wie die Differenzialdiagnose möglicher internistischer Erkrankungen, die vor allem in Lehrbüchern der *Geriatrie* behandelt wird.

Durch die Formulierung des Konzepts *Gerontopsychosomatik* in einem 1989 eingereichten Manuskript für die »Zeitschrift für Gerontologie« (Heuft, 1990b) und kurz darauf in der Zeitschrift »Psycho« (Lamprecht, 1990) entstand ein zunehmendes Bewusstsein für die Notwendigkeit, vor allen Störungsaspekten auch die normal-konflikthafte Entwicklung in der zweiten Hälfte des Erwachsenenalters zu beschreiben. Die hierzu notwendige Konzeptbildung hat sicher dazu beigetragen, dass sich ein zunehmendes Interesse an der Bedeutung des körperlichen Alterns für die psychische Entwicklung in der zweiten Hälfte des Erwachsenenlebens entwickeln konnte.

Noch 1979 stellte Radebold unter der programmatischen Überschrift »Psychosomatische Probleme in der Geriatrie« in der ersten Auflage des Lehrbuchs von v. Uexküll fest: »Der Bereich Alter und Altern stellt innerhalb der Psychosomatischen Forschung ein weitgehend vernachlässigtes Gebiet dar« (S. 728). Auch die weiteren Auflagen (bis zur 4. Aufl. 1990) verdeutlichen einen gleichbleibend geringen Wissensstand. Die Geriatrie als ein seinerzeit wenig wertgeschätztes Aufgabengebiet innerhalb der Inneren Medizin interessierte sich für die psychischen Auswirkungen körperlicher Alternsprozesse ebenfalls nicht. Gleiches galt für die Gerontopsychiatrie: Zwischen 1971 und 1979 führte die »Bibliographia Gerontopsychiatrica« lediglich 43 sehr heterogene Publikationen zu psychischen Aspekten im Alter auf. Lehrbuchbeiträge fehlten bis dahin praktisch völlig (Ausnahme: Müller, 1967).

In den 1970er Jahren begriff die psychologische Gerontologie Altern als einen »Vorgang der Veränderung« (Lehr, 1977) in scharfer Abgrenzung zu den bis dahin dominierenden biologischen und physiologischen Alterstheorien, die Altern vor allem als defizitär, defekthaft und involutiv sahen. Parallel beschrieben die Soziologie (Tews, 1974) und die Biologie (Platt, 1976) die Situation des alten Menschen mit seinen objektiven Veränderungen. Auch wenn man aus heutiger Sicht dem damaligen pointierten gerontologischen Standpunkt eine gewisse Idealisierung des Alters vorhalten kann, waren die Ergebnisse zur anhaltenden *Lernfähigkeit* und *Kompetenz* alter Menschen für den weiteren Diskussionsprozess eminent wichtig. Der Alternsprozess wurde zunehmend als eine eigenständige Phase wesentlicher Entwicklungen begriffen: »Jeder Arzt und therapeutisch Tätige muß sich vergegenwärtigen, daß der Mensch im höheren und hohen Lebensalter jetzt nach der Kindheit zum zweiten Mal innerhalb seines Lebenszyklus in eine zunehmend von ihm selbst wenig beeinflußbare und fremdbestimmte Situation kommen kann« (Radebold, 1979, S. 729). Bei der nachfolgenden Darstellung aktueller Konzepte zur Entwicklungspsychologie (Kapitel 2.3) wird jedoch herausgestellt, dass sich die drohende Abhängigkeit in dieser Lebensphase von der Abhängigkeit in der Kindheitsentwicklung grundlegend unterscheidet.

Im Hinblick auf die Prävalenz psychischer Störungen im Alter zeigt sich, dass die Schätzungen der *Psychiatrie-Enquete* (Bericht zur Lage der Psychiatrie in der Bundesrepublik Deutschland, 1975) der heutigen Datenlage entspricht, auch wenn die Diagnosegruppen unter dem Einfluss der Weiterentwicklung der ICD- bzw. DSM-Systematik heute teilweise anders benannt werden. Selbst wenn man von den demenziellen Erkrankungen absieht, entsprechen die Prävalenz- und Inzidenzzahlen psychischer sowie psychosomatischer Störungen jenseits des

60. Lebensjahres denen im mittleren Erwachsenenalter. Da der Anteil der psychotherapeutisch behandelten Älteren jedoch mit steigendem Alter bedeutsam abnimmt, sprechen wir zu Recht immer noch von einer »Indikationszensur« gegenüber der Psychotherapie Älterer. Diese Generationen »verlangen« oft eine solche Behandlung noch nicht, und ihre behandelnden Ärzte denken an eine Psychotherapieindikation bei ihren älteren Patientinnen und Patienten viel zu selten.

Die 1970er und auch noch die 1980er Jahre erscheinen im Wesentlichen geprägt durch Arbeiten, die die psychotherapeutische Behandelbarkeit von vor allem psychoneurotisch erkrankten Patienten jenseits des 45. Lebensjahres herausstellten. Im Zentrum ging es um die Fragen, ob (damals vor allem: psychoanalytische) Therapieverfahren auch im Alter einsetzbar und wirksam seien und ob es besonderer Therapietechniken bei alten Menschen bedürfe.

Wenn auch aus heutiger Sicht kaum vorstellbar, geschah dies in einer Atmosphäre versteckter oder gar offener Ablehnung einschlägiger Fachgesellschaften bzw. Meinungsführer. Jeder, der noch Mitte der 1980er Jahre einen über 50-Jährigen in eine ambulante Fachpsychotherapie zu vermitteln versuchte, konnte dies unmittelbar erfahren. Es ist von keinem psychoanalytischen Weiterbildungsinstitut in dieser Zeit bekannt, dass es von sich aus das Thema der psychoanalytischen Alterspsychotherapie in der Weiterbildung angeboten hätte. Dass Weiterbildungskandidaten im Rahmen der supervidierten Behandlungen Therapien bei Patienten übernommen hätten, die deutlich älter als sie selbst waren, blieb »unvorstellbar«. Damit wurde das Weiterbildungsdefizit lange Zeit systematisch tradiert.

Solche Behandlungen mit inverser Altersrelation durch jüngere Weiterbildungskandidatinnen und -kandidaten hätte diese auch mit Erfahrungen der aktiven Generation aus der Zeit der nationalsozialistischen Diktatur und des Zweiten Weltkriegs in Kontakt gebracht. Die Konsequenzen können hier nur angedeutet werden. Mit hoher Wahrscheinlichkeit trafen hier zwei Ursachen in synergistischer Weise zusammen: die noch mangelhaft ausgearbeiteten Konzepte eines Verständnisses von psychischen bzw. psychosomatischen

Alternsprozessen mit einer Abschottung gegenüber massenhaften traumatischen Erfahrungen der Täter oder/und Opfer. Dieser Abwehr der *politischen Biografie alter Menschen* (Lohmann u. Heuft, 1997) entsprach auf der politischen Ebene die Ablehnung der »Eltern- und Großelterngeneration« Ende der 1960er und Anfang der 1970er Jahre.

Der Autor dieses Buches begann aufgrund seiner Erfahrungen mit stationären Behandlungsverläufen Älterer in der Gerontopsychiatrie in den 1980er Jahren während seiner psychoanalytischen Ausbildung die Behandlung einer damals 59-jährigen Patientin, ermutigt durch seinen damals 60-jährigen Kontrollanalytiker (Supervisor). Dabei bemerkte er, dass er sich immer wieder in den Ausbildungszusammenhängen seines psychoanalytischen Instituts dazu erklären musste, wie er es denn schaffe, eine fast dreißig Jahre ältere Patientin zu behandeln. Als er den Behandlungsfall schließlich in der Abschlussprüfung vorstellte, bemerkte die Institutsleiterin in der Prüfung: »Herr Heuft, wie haben Sie das gemacht? Meine Patienten werden auch immer älter, aber sie sind dennoch immer jünger als ich!«

Die Auseinandersetzung mit der offensichtlich konfliktbegründeten Rationalisierung der Nichtbehandelbarkeit alter Menschen durch Generationen von Fachpsychotherapeuten führte zur konzeptuellen Erweiterung des *Übertragungs-Gegenübertragungs-Paradigmas* um die Dimension der *Eigenübertragung* des Diagnostikers oder Therapeuten (Heuft, 1990a). Die Unfähigkeit zu einer differenziellen Psychotherapieindikation oder gar die Behandlungsverweigerung bereits bei Menschen jenseits des 50. Lebensjahres wurde als Ausdruck einer (unanalysierten) Therapeutenvariablen begriffen, die im Gewand scheinbarer Objektivität und Berufskompetenz daherkommt (»In Ihrem Alter geht eine solche Behandlung nicht mehr«).

Zwischenzeitlich wurde die Wirksamkeit psychoanalytischer Behandlungen Älterer zunehmend belegt (z. B. Heuft, 1993; Radebold, 1992; Radebold u. Schweizer, 2001). Zur Jahrtausendwende gab es praktisch kaum noch ein allgemeines Lehrbuch im Fachgebiet Psychosomatische Medizin und Psychotherapie, in dem nicht zumindest auf die Notwendigkeit einer gerontopsychosomatischen Perspektive hingewiesen wird (z. B. Heuft, 1999a, 1999b; Heuft u. Radebold, 1999; Heuft, Haag u. Bayen, 2000). Es folgten Belege auch für die stationäre gerontopsychosomatische Krankenhausbehandlung Älterer (Schneider, Tiemann, Stumpf u. Heuft, 2015; Schneider, Kati, Burgmer u. Heuft, 2017; Wolf, Hertel, Schreiber-Willnow u. Heuft, 2016). – Dagegen sieht die Berufspraxis weiterhin ganz überwiegend so aus, dass Alternde trotz vorhandener Indikation und Motivation nur mühsam einen ambulanten psychotherapeutischen Behandlungsplatz finden (Imai, Telger, Wolter u. Heuft, 2008). Einer eigenen Studie folgend beträgt der Anteil 60- bis 69-Jähriger in psychosomatisch-psychotherapeutischen Krankenhäusern bzw. Abteilungen mit 10,8 Prozent inzwischen in etwa der Gesamtbevölkerung. Bei den über 70-Jährigen wird der Anteil bei stationären Behandlungen deutlich unterdurchschnittlich, und über 80-Jährige werden in diesen Settings kaum noch behandelt (Klemt u. Heuft, 2013).

Dieses Buch möchte dazu beitragen, das psychodynamische Verständnis des Alternsprozess und der hieraus ableitbaren psychischen bzw. psychosomatischen Störungen zu fördern, damit die »Indikationszensur« für die Psychotherapie Älterer aufgehoben wird.

2 Psychodynamische Entwicklungspsychologie des Lebenslaufs

2.1 Die Bedeutung des körperlichen Alternsprozesses – ein psychosomatisches Paradigma

Groen bezeichnete 1982 den Alternsprozess als ein psychosomatisches Paradigma. Im Unterschied zu Erikson (1950), der in seinem Stufenmodell mit der achten psychosozialen Entwicklungsstufe das »Alter« als eine Lebensspanne von mehr als dreißig Jahren idealisierend beschrieben hatte, wurde der körperliche Alternsprozess von Heuft (1993) als eine unabdingbare »Zumutung« der Biologie (im doppelten Wortsinne) und als *Organisator* der Entwicklung in dieser Lebensspanne verstanden. Dieses theoretisch-klinische Modell ließ sich in den folgenden Jahren auch empirisch belegen (Schneider et al., 1999).

Ausgangspunkt war die Beobachtung, dass ältere Menschen in systematischen offenen Interviews sehr oft ihr Zeiterleben eng mit dem körperlichen Altern in Verbindung bringen: »Ich kann dieses Jahr noch handarbeiten, ob ich das nächstes Jahr mit meinen Augen noch schaffe, weiß ich nicht.« Auch bei bisher nicht neurotisch erkrankten Menschen können diese neuen (!), mit dem Alternsprozess notwendigen Entwicklungsaufgaben, die im bisherigen Lebensverlauf nicht eingeübt werden konnten, für die Älteren zu zunächst unlösbaren motivationalen Konflikten wie Triebkonflikten, narzisstischen Konflikten oder konflikthaften Objektbeziehungen führen.

Dieses Verständnis führte letztlich in Abgrenzung zu den repetitiv-dysfunktionalen (neurotischen) Konfliktmustern zur Formulierung des Konzepts Aktualkonflikt (Heuft, Hoffmann, Mans, Mentzos u. Schüßler, 1997a, 1997b) in der Operationalisierten Psychodynamischen Diagnostik (OPD) (Arbeitskreis zur Operationalisierung Psychodynamischer Diagnostik, 1996). Das Verhältnis von Aktualkonflikten (Kapitel 3.3.2) zu akut exazerbierten, seit dem Erwachsenenalter bestehenden neurotischen Konflikten bzw. chronischen Konflikten (Kapitel 3.3.1) wird im Folgenden weiter ausgeführt.

Unter präventiven Gesichtspunkten wird deutlich, dass es notwendig ist, dieses Wissen um die noch erwartbaren weiteren Entwicklungsaufgaben möglichst früh im Lebenslauf bewusst zu machen. Vor allem ältere Männer scheinen diese Entwicklungsaufgaben länger als Frauen zu verleugnen, bis sie sich »plötzlich« damit konfrontiert sehen. Ob ein Zusammenhang mit der erhöhten Suizidalität gerade der älteren Männer aus dieser Dynamik heraus besteht, kann derzeit nur vermutet werden.

2.2 Bisherige entwicklungspsychologische Modelle

Befragt man professionell Helfende aller Berufsgruppen, die mit alten Menschen arbeiten, nach ihrem Bild des Lebenslaufs, begegnet man immer wieder dem »Halbkreis-Modell«: Nach dem Scheitelpunkt des Lebens, der heute mit vierzig bis fünfzig Jahren angesetzt wird, gehe »alles den Berg hinunter«. Das Halbkreis-Modell suggeriert, dass sich der Alternsprozess im »absteigenden« Schenkel des Halbkreises auf der gleichen Ebene abspielt wie seinerzeit die Entwicklung in der Kindheit. Mit dem aus dieser Vorstellung resultierenden Vorurteil, »die Alten werden wieder wie die Kinder«, wird unmerklich dem Defizit- und Defektmodell des Alterns Vorschub geleistet. Dieses Modell entspricht weder den aktuellen gerontologischen Ergebnissen zur Lernfähigkeit und Kompetenz im Alter noch der mit dem Alter stetig zunehmenden Variabilität physiologischer Befunde. Selbst ein Mensch, der unter einer mittelschweren Demenz leidet, erlebt (und erleidet) mit seinem selbstreflexiven Ich diese Situation in einer ganz anderen Weise als ein Kind, das eben das Laufen erlernt.

Das Halbkreis-Modell des Lebenslaufs findet sich auch in zahlreichen Schriften, die den psychoanalytischen Therapieverfahren zuzurechnen sind. So symbolisierte C. G. Jung den Lebenslauf wie den Lauf der Sonne mit einem auf- und einem absteigenden Ast. An anderer Stelle in der Jung'schen Tradition wird der Lebenslauf mit einer Wasserfontäne verglichen. In der traditionellen psychiatrischen Literatur legen Begriffe wie »Involutionsdepression im Alter« ähnliche Vorstellungen einer regelhaften Regression Alternder auf prägenitale Stufen nahe (grenze ab: Regression im Dienste des Ich). Der Verlust des Genitalprimats im Alter stellt eine (vorurteilsbeladene) Sonderform des allgemeinen Regressionskonzepts dar. Alternativ hat die sogenannte Chicago-Schule einen Geschlechtershift postuliert: Männer leben im Alter mehr ihre Abhängigkeitswünsche und Frauen ihre aggressiven Anteile (Hildebrand, 1982).

Für Ärzte und Pflegekräfte erscheint das Modell einer Regression im Alter besonders plausibel aufgrund abhängiger Verhaltensweisen alter Menschen, die als »kindisch« eingestuft werden (z. B. Suche nach Versorgung, Verlust von Kontrolle über Ausscheidungsfunktionen). Nicht selten wird dieses Verhalten sogar als Übertragungsangebot eines »Kleinkindes« an einen sorgenden Elternteil verstanden. Diese Beobachtungen, die an Kranken bzw. institutionell Pflegebedürftigen gewonnen wurden, werden unzutreffenderweise auf alle Alternden hin generalisiert. Außerdem wird der Einfluss der Professionellen selbst auf diese als Regression beschriebenen Prozesse weitgehend geleugnet. Um nicht rebellieren zu müssen (und damit diejenigen gegen sich aufzubringen, die einen versorgen), bleibt Älteren in konflikthaften Situationen oft nur ein regressives Gebaren. Dass Pflegende auf diese Weise letztlich oft durch Mehrbelastung wiederum für ihr beispielsweise autoritäres Verhalten »bestraft« werden, ist die tragische Ironie dieser Wechselwirkung.

So wesentlich die gerontologischen Forschungsergebnisse zur Kompetenz alter Menschen etwa für das Verständnis von Lernfähigkeit bis ins hohe Alter waren, ist mit solchen Daten dennoch nicht die Gefahr eines (latenten) Defizitmodells des Alterns vermieden. Unterschwellig wird damit die Botschaft transportiert, die jungen Alten sollten sich möglichst lange »fit« halten, um gerade das »Defizitäre« auf einen möglichst späten Lebensabschnitt zu verschieben bzw. bis dahin zu verleugnen. Gerade durch eine mögliche Idealisierung des frühen Alters werden tragischerweise die anstehenden Entwicklungsschritte Alternder verleugnet oder aufgeschoben.

Ein Psychotherapeut ist bei der Indikationsstellung darauf angewiesen, Entwicklungsaufgaben für seinen alten Patienten vorzuphantasieren. Diese »Entwürfe« erlauben es ihm, ein aussichtsreiches Arbeitsbündnis von seiner Seite anzubieten. Wenn er selbst keine entsprechenden Modelle zur Verfügung hat, wird er dies explizit oder implizit seinem alten Patienten bereits (resignativ) während der Diagnostik mitteilen. In der Folge wird mit hoher Wahrscheinlichkeit jeder Therapieversuch vermieden. Der Therapeut, die Therapeutin ist froh, dass der Alternde nicht energischer auf eine Psychotherapie gedrängt hat. Und der Patient spürt in seiner Ambivalenz angesichts der Anstrengungen einer psychotherapeutischen Behandlung neben einer möglichen Trauer auch Entlastung von Verantwortung für seine eigenen Entwicklungsaufgaben. Insoweit ist den Herausgebern der Berliner Altersstudie (BASE) voll zuzustimmen: »Was wir über das Alter als Lebensphase und über das Altern als Prozess zu wissen meinen, ist außerordentlich folgenreich« (Mayer u. Baltes, 1996, S. 599).

Aus kinder- und jugendpsychiatrischer Sicht wurde eine fundierte Übersicht über die entwicklungspsychologischen Modelle erarbeitet (Resch, 1996). Tabelle 1 gibt eine systematisierende Übersicht über die jeweiligen Schwerpunkte vor allem im Hinblick auf die Bedeutung von individueller (Trieb-)Kraft versus Umwelteinflüssen. Dabei nehmen die interaktionistischen Theorien die »älteren« Theorien (wie z. B. den zentralen Stellenwert unbewusster Phantasien des Trieb-Konflikt-Modells) in der Regel mit auf.

Tabelle 1: Entwicklungspsychologische Modelle (modifiziert und erweitert nach Resch, 1996)

Theorie	Dynamik	Individuum	Umwelt	Modell
endogenetische Theorien	Reifung	passiv	passiv	psychoanalytisches Trieb-Konflikt-Modell mit biologisch verankerter Trieb- und Affektstruktur (z. B. Freud, 1905)
exogenetische Theorien	Prägung	passiv	aktiv	Umwelteinflüsse prägen das Individuum (Entwicklungsdefizit-Modell, z. B. Kohut, 1973; Winnicott, 1974)
frühkonstruktivistische Theorien	Selbst-Konstruktion	aktiv	passiv	Selbstkonstruktion des Individuums – Umwelt als Anregung und Matrix (z. B. Piaget, 1978)
interaktionistische Theorien	Mensch-Umwelt-Gesamtsystem	aktiv	aktiv	aktives, selbstmotiviertes Individuum in Interaktion mit aktiver, fordernder und erfüllender Umwelt (Beziehungskonflikt-Modell, z. B. Sullivan, 1953; Bauriedl, 1980; affektlogische Schemata, z. B. Ciompi, 1988; kognitive Problemanalyse, z. B. Caspar u. Grawe, 1982) und seinem eigenen (alternden) Körper (Heuft, 1994)

Der Versuch der traditionellen psychoanalytischen Theoriebildung, umschriebenen psychosexuellen Entwicklungsstufen dieser Modelle spezifische Konflikttypologien zuzuordnen, muss heute als überholt angesehen werden. Abhängigkeitskonflikte entstehen nicht nur in der sogenannten »oralen« und Aggressions- und Autonomiekonflikte nicht ausschließlich in der »analen« Entwicklungsphase, sondern beginnen bereits mit der Symbolisierungs- und Rollenfähigkeit des Kindes (Hoffmann, 1994; Schüßler u. Bertl-Schüßler, 1992). Durch eine solche »Entkopplung« von Psychopathologie und entwicklungspsychologischen Konzepten sind Letztere keineswegs weniger wichtig geworden. In der Regel enden diese entwicklungspsychologischen Konzepte jedoch mit Erreichen des Erwachsenenalters.

Neben der klinisch fundierten Annahme, dass ungelöste Konflikte aus Kindheit und Jugend auch im Alter neurosefördernd sein können, versuchen die Life-Cycle-Theorien (acht Phasen bei E. H. Erikson, 1950), das Leben als aufeinander bezogene zentrale Entwicklungsaufgaben oder als lebenslanges Schicksal von Kernthemen (wie Liebe, Sexualität, Arbeit, Tod u. a.; bei Colarusso u. Nemiroff, 1987) zu beschreiben. Das epigenetische Diagramm von Erikson ist eines der wenigen psychodynamischen Modelle einer Entwicklung über den gesamten Lebenslauf. Das oben bereits problematisierte Bild einer »halbkreisförmigen« Entwicklung über den Lebenslauf wird bei ihm durch das Modell einer Treppe mit acht Stufen abgelöst.

Das Treppenbild symbolisiert eine »aufsteigende« Entwicklung. Die damit verbundene Vorstellung des Erreichens eines »höheren Niveaus« spiegelt sich in der Begrifflichkeit zur achten Stufe »Alter« wider: »die Frucht dieser sieben [vorausgegangenen] Phasen ernten« (Erikson, 1950/1987, S. 263), womit das Stadium der »Ich-Integrität« erreicht würde. Mangel oder Verlust dieser gewachsenen Ich-Integrität ist nach Erikson durch Verzweiflung und Todesfurcht gekennzeichnet mit dem Gefühl, »daß die Zeit zu kurz ist, zu kurz für den Versuch, ein anderes Leben zu beginnen und andere Wege der Integrität zu suchen« (S. 263). Die mit Erreichen der achten Stufe erworbene Grundtugend wird »Weisheit« genannt.

Damit kommen diese Begriffe und Kategorien über eine »idealisierende« Deskription des Alterns nicht eigentlich hinaus. Außerdem erscheint heute die Phase acht »Alter«, die dreißig Lebensjahre und mehr umfasst (etwa 60.–90. Lebensjahr), zu undifferenziert angesichts empirischer Befunde, die die Abgrenzung eines sogenannten dritten Alters (60.–75. Lebensjahr) von einem vierten Alter (jenseits des 75. Lebensjahres) nahelegen.

Unstrittig ist die Bedeutung einer solchen Konzeption für die Wahrnehmungseinstellung sich verändernder psychosozialer Entwicklungskrisen über die gesamte Lebensspanne. Das Modell veranschaulicht auch, dass die Hypothek ungelöster früherer Entwicklungsaufgaben in den späteren psychosozialen Krisen eine zusätzliche Belastung bedeuten kann. Es hat jedoch drei entscheidende Nachteile:

- Das Stufenmodell beantwortet nicht, wie es zu einer Entwicklungsnotwendigkeit von der einen zur nächsten Stufe kommt. Provozierend gefragt: Entwicklung »geschieht« anscheinend irgendwie – aber was treibt den Erwachsenen zu weiteren, je immer auch konflikthaften Entwicklungsschritten? Und warum kann ein Erwachsener sich nicht verweigern, etwa von der Stufe sechs auf die Stufe sieben zu wechseln wie ein später »Oskar mit der Blechtrommel«?
- Mit dem Modell von Erikson lässt sich im Fall von Symptombildungen bzw. Störungen nicht diagnostizieren. Die einzelnen Entwicklungsphasen sind in sich antithetisch und damit potenziell konflikthaft formuliert. Allerdings erlaubt das Modell nur eine deskriptive Orientierung über den Stand der psychosozialen Entwicklung. Das pathogenetische Verständnis für das Misslingen einer »idealen« Entwicklung gründet sich auch bei Erikson in einem reduktionistischen Ansatz auf nicht befriedigend oder defizitär gelösten Entwicklungsaufgaben während Kindheit und Jugend.
- Damit gibt der Erikson'sche Ansatz in der Frage einer adaptiven differenziellen Therapieindikation keine (entwicklungsfördernden) Antworten.

Notwendig ist der Versuch, besser zu verstehen, was Erwachsene auch in der zweiten Lebenshälfte zu weiteren – je immer auch konflikthaften – Entwicklungsschritten treibt.

2.3 Organisatoren als Triebfeder der Entwicklung

Befragt man systematisch Menschen beiderlei Geschlechts jenseits des 60. Lebensjahres zu ihrem jetzigen Zeiterleben, zeigt sich, dass das Zeiterleben im Alter vor allem eine körperliche Dimension hat. In ausführlichen biografischen Interviews alter Menschen antworteten rund 80 Prozent auf die Frage »Woran merken Sie, dass die Zeit vergeht?« unter Bezugnahme auf den körperlichen Alternsprozess. Während der Körper im mittleren Erwachsenenalter außerhalb von Krankheiten im engeren Sinn in der Regel als selbstverständlich »funktionierend« erlebt wird, entfällt diese Selbstverständlichkeit bei Alternden zunehmend. Ein Mensch im mittleren Erwachsenenalter, der seinen Körper ständig beobachtet, leidet möglicherweise unter körperbezogenen hypochondrischen Ängsten. Im Alter gehört jedoch die tägliche aktive Auseinandersetzung mit den körperlich erlebten Veränderungen typischerweise zu den unabweisbaren Aufgaben.

Eine 75-jährige Frau sagte, sie sei über die von Jahr zu Jahr fortschreitende Abnahme ihrer Sehkraft, die ärztlicherseits nicht aufgehalten werden könne, sehr in Sorge. Sie sei gehbehindert und ihr ganzer Stolz seien ihre Handarbeiten, die sie für Freunde, Verwandte und einen Wohltätigkeitsbasar mit großer Resonanz anfertige. Jedes Jahr frage sie sich, ob sie nächstes Jahr noch dazu in der Lage sei, die feinen Stiche zu sehen.
Ein 79-jähriger Mann berichtete von seinen geliebten Bergwanderungen, die wegen einer Arthrose beider Hüftgelenke immer schmerzhafter geworden seien. Daran merke er, wie er altere. Und er hoffe von Mal zu Mal, dass er diese Touren nicht aufgeben müsse.
Die Thematik körperlich vermittelter Veränderungen in der Zeit tritt auch dann oft in den Vordergrund, wenn der Bezug zur Entwicklung der nachfolgenden Generationen hergestellt wird: Die Enkel seien jetzt schon so groß, dass sie längst vieler schneller Rad fahren könnten ...

Die Berliner Altersstudie BASE bestätigt diese Befunde: »Im Unterschied zum jüngeren und mittleren Erwachsenenalter, wo die Beschäftigung mit Beruf, Freunden und Familie im Mittelpunkt steht, hat im hohen Alter [...] die Beschäftigung mit der eigenen Gesundheit und geistigen Leistungsfähigkeit einen zentralen Stellenwert« (Mayer u. Baltes, 1996, S. 614). Übereinstimmend wird immer wieder berichtet, dass dagegen die Auseinandersetzung mit dem eigenen Tod bei alten Menschen vergleichsweise weniger emotional besetzt ist.

Freud beschrieb zutreffend die Zeitlosigkeit des Unbewussten, das keinen persönlichen Tod kenne (1915). Damit besteht »die Dynamik des Unbewussten mit all seinen [...] Wünschen und [...] Triebimpulsen und -konflikten fort« (Peters, 2017, S. 20). Geht man zugleich davon aus, dass das Zeitbewusstsein »aus dem doppelten Gefühl von Unveränderlichkeit und Veränderung« besteht (Høeg, 1995, S. 266), legt sich aufgrund eigener Ergebnisse ein entwicklungspsychologisches Modell nahe (Heuft, 1994), in dem der somatische Alternsprozess als *Organisator* der Entwicklung in der zweiten Hälfte des Erwachsenenlebens verstanden wird. Die Verwendung des Begriffs »Organisator« als das im jeweiligen Lebensabschnitt die Entwicklung führende »Organ« steht in der Tradition von Needham (1931; »embryologischer Organisator«), Spitz (1965; »kritische Knotenpunkte in der Entwicklung des Kleinkindes«) und A. Freud (1963; »konvergierende Entwicklungslinien«). Der Organisator einer Entwicklungsphase stellt somit das die Entwicklung jeweils zentral vorantreibende »Organ« dar, dem sich das Individuum nicht entziehen kann. Die resultierenden Entwicklungsaufgaben wachsen dem Individuum damit zwingend zu.

In Abbildung 1 wird die – empirisch gestützte – Modellbildung einer Entwicklung über den gesamten Lebenslauf unter dem Einfluss wechselnder Organisatoren dargestellt.

Der *Trieb* kann als *Organisator* der psychosexuellen Entwicklung *in den ersten Lebensjahren* begriffen werden. Daher steht er in Abbildung 1 am oberen Pol. Die individuelle Triebausstattung als Resultat einer biologischen Variante drängt zur Auseinandersetzung mit den

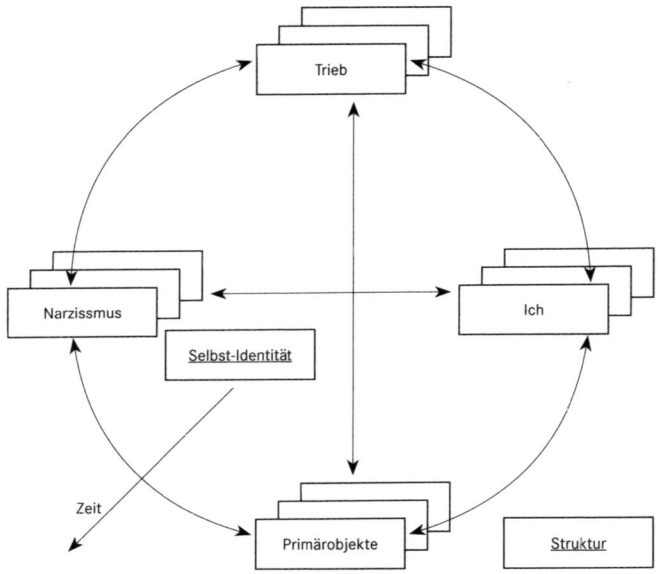

Abbildung 1: Dynamische Beziehung der vier Entwicklungsdimensionen von Selbst-Identität und Struktur zueinander (aus: Heuft, 1994, S. 118)

bekannten psychosexuellen Reifungsphasen und den entsprechenden typischen psychosozialen Krisen in Kindheit und Jugend. In Tabelle 1 war bei den endogenetischen Theorien schon auf den stets gesehenen Zusammenhang von Biologie und Trieb hingewiesen worden. Triebentwicklung ohne biologische Reifung (neuronal und endokrinologisch) ist nicht denkbar. Umgekehrt wird die individuelle Entwicklung im sozialen Feld nicht von der Biologie, sondern vom sich ausdifferenzierenden psychischen Apparat und Selbsterleben organisiert. Neben der Triebentwicklung konstituieren sich in einer gleichzeitigen Wechselwirkung das autonome Ich (Hartmann, 1939/1960), das narzisstische Motivationssystem (Kohut, 1973) und die sich zunehmend internalisierenden Beziehungen zu den (Primär-)Objekten. Eine mögliche Traumagenese und deren Folgen bleiben hier für die Diskussion einer normal-konflikthaften Entwicklung unberücksichtigt. Damit sind vier psychodynamische Entwicklungssäulen in den ersten Lebensjahren angesprochen, die eine komplexe Funktion sowohl der individuell-historischen Zeitdimension als auch der soziokulturellen Bedingtheiten darstellen – symbolisiert durch die räumlich hintereinanderliegenden Felder dieser Entwicklung in der Zeit.

Die Vernetzung des Individuums im sozialen Raum konstituiert dann die »Wirklichkeit« eines Menschen (v. Uexküll, 1984). Die Selbst-Identität beschreibt das Binnenerleben des Menschen in der genannten Komplexität (»Ich bin so: mit diesen [Trieb-]Kräften, mit diesen [Ich-]Fähigkeiten, mit diesem Selbstwertgefühl und mit diesem Bindungs- und Beziehungsverhalten«). Aus einer diagnostizierenden Außensicht wird die Wahrnehmung von Selbststeuerung, Selbsterleben, Kommunikations- und Abwehrverhalten sowie Objektwahrnehmung eines Individuums als Struktur (Arbeitskreis zur Operationalisierung Psychodynamischer Diagnostik, 1996) beschrieben (»Dieser Mensch hat diese Fähigkeiten/Ressourcen bzw. leidet unter …«).

Nach Erreichen des Erwachsenenalters übernimmt der *objektale Organisator* die Schrittmacherfunktion für die weitere Entwicklung. In Abbildung 2 ist der Entwicklungsschwerpunkt im mittleren Erwachsenenalter durch die mittleren Kästen, die einen zweiten Ring bilden, symbolisiert, an dessen oberem Pol wiederum der Organisator dieser Entwicklungsphase steht. Dabei baut die Entwicklung in dieser Lebensphase auf den angesprochenen vier Entwicklungssäulen von Kindheit und Jugendzeit auf. Unvermeidliche Veränderungen in den gelebten Objektbeziehungen (wie Partnerschaft, Auszug der Kinder, nachelterliche Gefährtenschaft, berufliche Veränderungen) müssen unter Einbeziehung der funktionalen Komponente von »sozialer Kompetenz« stets aufs Neue mit den internalisierten Objektbeziehungen und den hinzukommenden Objekterfahrungen im weiteren Lebenslauf abgeglichen werden. Unter dem Aspekt des »sekundären Narzissmus« (Freud, 1923, S. 275) ist das Ich des Individuums

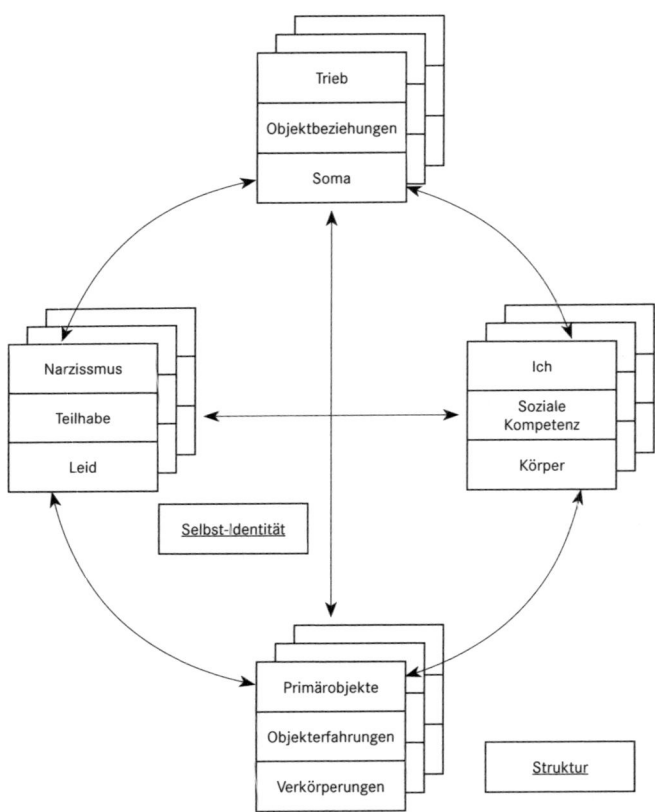

Abbildung 2: Drei Organisatoren der Entwicklung im Lebenslauf – die dynamische Beziehung der vier Dimensionen von Selbst-Identität und Struktur zueinander (aus: Heuft, 1994, S. 119).

nicht nur während der Kindheit, sondern auch im weiteren Lebenslauf ständig aufgefordert, zwischen Objektnähe und Objektferne im Sinne einer »Teilhabe« an den Beziehungen und damit der »Welt« die Waage zu halten.

Es sei daran erinnert, dass diese anstehenden Entwicklungsaufgaben im Erwachsenenalter unabhängig von jeder möglichen Pathologie zu gestalten sind. Ungelöste Problem- und Konfliktlagen zum Beispiel aus den ersten Lebensjahren sowie akute psychische Traumatisierungen können die Entwicklungsaufgaben im Erwachsenenalter naturgemäß zusätzlich erschweren.

In der zweiten Hälfte des Erwachsenenalters kommt es unbewusst zu einer weiteren, schrittweisen Verschiebung der Organisatorfunktion zum *Soma* hin (*somatogener Organisator*). Unter Fortführung des auf den vier Säulen ruhenden Entwicklungsmodells entspricht dem psychischen Ich der Körper, den ich habe (funktionaler Aspekt), während der Leib, der ich bin, dem narzisstischen Aspekt entspricht (siehe Abbildung 2). Der Ebene der internalen Objektbeziehungen und der späteren grundlegenden Objekterfahrungen analog sind die Körpererinnerungen, Somatisierungen oder Verkörperungen. Die oben berichteten Studienergebnisse sprechen für eine veränderte Wahrnehmung des Körpers und seiner Funktion in der Weise, dass die leibliche Existenz und die körperliche Funktion nicht mehr als ausschließlich selbstverständlich gegeben wahrgenommen werden. Analog zur Veränderung der Körperfunktionen besteht das Ich-strukturelle Problem der kognitiven Bewältigung dieser Veränderungen ebenso wie der narzisstische Umgang mit der sich verändernden Leiblichkeit. Die sich verändernde Körperlichkeit im Alternsprozess stellt zugleich auch eine intrapsychische Symbolisierungsebene für das Zeiterleben und die Strukturierung der Zukunftsperspektive dar. Die interaktionistischen entwicklungspsychologischen Theorien (Tabelle 1) wurden deshalb um die wesentliche Dimension des körperlichen Alternsprozesses ergänzt.

Das hier vorgestellte Entwicklungsmodell folgt am ehesten einer spiraligen Figur in Raum und Zeit mit einer Durchdringung aller angesprochenen Strukturelemente über alle Ebenen hinweg, jedoch mit wechselnden Organisatoren als »Schwunggeber« einer voranschreitenden Entwicklung.

Theoretische Überlegungen, die von einer grundsätzlich im Regulationssystem des Narzissmus begründeten Entwicklungsanforderung im Alter ausgehen, übersehen möglicherweise die Schrittmacherfunktion des körperlichen Alternsprozesses, der zweifellos zu auch klinisch relevanten narzisstischen Konflikten und Krisen führen kann. Der Alternsprozess ist insoweit eine biologische Zumutung im doppelten Wortsinne: von der Biologie abverlangt und unter dem Aspekt des Selbstwertes zu verarbeiten.

Fragt man, warum nicht die Ich-Funktionen oder die sich weiter verändernden Objektbeziehungen in der Organisatorfunktion gesehen werden, sprechen sowohl empirische als auch klinische Befunde dagegen. Ein Alternder kann im Extrem alle äußeren Parameter stabil halten (stabile Ehe, alle Kinder haben sich um Schwiegerkinder »vermehrt«, zu denen auch tragfähige Beziehungen bestehen und die fußläufig wohnen, der Freundeskreis ist weitgehend erhalten, die geistigen Funktionen unbeeinträchtigt etc.), dennoch wird er sich mit dem körperlichen Alternsprozess, der im Idealfall ganz undramatisch verlaufen mag, auseinanderzusetzen haben. Die Kenntnis dieser Zusammenhänge wird das Verständnis des in Kapitel 3.3.2 referierten Konzepts »Aktualkonflikt«, das auch in die Konfliktachse der Operationalisierten Psychodynamischen Diagnostik (Arbeitskreis zur Operationalisierung Psychodynamischer Diagnostik, 1996) aufgenommen wurde, erleichtern.

Es bedarf an dieser Stelle keiner weiteren Erläuterung, dass diese Modellbildung das Individuum stets in seinem historischen und soziokulturellen Kontext mitdenkt. Die durch den jeweiligen Organisator der Entwicklung vorangetriebenen Aufgaben sind in einem transaktionalen Prozess auch immer mit der aktuellen Umwelt, die eher förderlich oder eher hinderlich sein kann, in Bezug zu setzen.

2.4 Vulnerabilität und Resilienz – klinische Konsequenzen

Das Entwicklungsmodell wechselnder Organisatoren legt zugleich die Vorstellung einer Entwicklung über den gesamten Lebenslauf nahe, die das Bild eines stets anzustrebenden höheren Organisationsniveaus (»Stufenmodell«) ersetzt durch die Vorstellung einer beständigen Neuordnung bisheriger Systeme unter je besonderen Entwicklungsanforderungen. Aus gerontologischer Sicht sind in diesem Prozess sowohl Risikofaktoren als auch protektive Faktoren zu unterscheiden, wobei individuumszentrierte Bedingungen von »übergreifenden« Rahmenbedingungen abzugrenzen sind. Unter die Rahmenbedingungen fallen externe Faktoren, wie etwa geringe soziale Bildung, Armut im Alter, problematische Wohngebiete bzw. nicht altengerechte Wohnungen und Randgruppenzugehörigkeit.

Die *religiöse Biografie* als Beziehungsgeschichte eines Menschen zu einer transzendental vorgestellten Wesenheit oder Macht, die personal oder apersonal als heilig erlebt wird, kann im Laufe eines Lebens ausgesprochen variabel sein und hat offensichtlich in den nachwachsenden Altersgruppen eine abnehmende Bedeutung (Heuft, 2016). Religiöse Erfahrungen können sowohl einengend und belastend als auch gemeinschaftsbildend und tragend sein. Neben dem Wissen einerseits um Religiosität und Spiritualität als Ressource können Menschen andererseits in Zeiten einer Erkrankung beispielsweise auf ein (überwunden geglaubtes) strafendes Gottesbild regredieren (Heuft, 2016). – Ein Patient sollte zumindest so viel professionelle Kompetenz bei seinem Behandler oder seiner Behandlerin erwarten können, dass er ggf. seinen Glauben und auch seine Zweifel in der Therapie zum Ausdruck bringen kann. Dabei müssen Neurotizismus und Religiosität in ihrem inneren Verhältnis zueinander sehr sorgfältig im individuellen Psychotherapieprozess untersucht werden.

Unter dem Aspekt der Risikofaktoren wird, auf das Individuum bezogen, von einer *psychischen Vulnerabilität* gesprochen, deren biologischer Aspekt in gewissen Grenzen auch »external« imponieren kann, so als ob die Belastungen von außen kämen. Unter die protektiven Faktoren werden die auf das Individuum bezogenen Schutzfaktoren durch das Konzept der Resilienz (Werner u. Smith, 1982) gefasst, wobei Resilienz auf der Nutzung sowohl externaler als auch internaler Ressourcen fußt.

Das Verständnis dieser Zusammenhänge von Rahmenbedingungen, Vulnerabilität, Ressourcen und Resilienz wird zusätzlich dadurch kompliziert, dass beispielsweise äußere Umstände nicht in stets gleicher Weise die Entwicklung der inneren Repräsentanz von Resilienz fördern. So können spezifische Verhaltensweisen dabei helfen, eine bestimmte Extremsituation überleben zu können, während die gleichen Verhaltensweisen in normalen Alltagssituationen unter Umständen sogar hinderlich wären. Da Vulnerabilität und Resilienz keine stabilen Persönlichkeitsmerkmale sind, sondern über die Zeit und in verschiedenen Situationen variieren, kann zwischen einer *konstitutionellen Resilienz* bzw. *Vulnerabilität* und einer *Resilienz-* bzw. *Vulnerabilitätsentwicklung* unterschieden werden (Noam, 1997). Resilienzentwicklung und die Entwicklung von Vulnerabilitätserleben wirken in einer komplex-variablen Weise auf das Selbsterleben der Person ein. Diese Zusammenhänge machen verständlich, dass insbesondere die mit dem Alter ansteigende biologisch begründete Vulnerabilität Hochbetagten erhebliche psychische Leistungen abfordert, die so im mittleren Lebensalter in der Regel nicht nötig waren. Die möglichen Relationen von Vulnerabilität – Rahmenbedingungen – Resilienz lassen sich prototypisch in Beziehung zum Risiko psychischer Krankheit setzen:

- Hohe Vulnerabilität + ungünstige Rahmenbedingungen + geringe Resilienz ⇨ Krankheitsrisiko ↑
- Hohe Vulnerabilität + günstige Rahmenbedingungen + geringe Resilienz ⇨ Krankheitsrisiko ↑
- Ungünstige Rahmenbedingungen + ausgeglichenes Verhältnis von Vulnerabilität und Resilienz ⇨ Krankheitsrisiko ➡
- Geringe Vulnerabilität + ungünstige Rahmenbedingungen + hohe Resilienz ⇨ Krankheitsrisiko ➡

- Geringe Vulnerabilität + günstige Rahmenbedingungen + hohe Resilienz ⇨ Krankheitsrisiko ⬇

Für diese Zusammenhänge gibt es bei jüngeren Erwachsenen zahlreiche empirische Befunde. So kann als belegt gelten, dass Jugendliche trotz eines hohen Potenzials an äußeren Risikofaktoren eine günstige Entwicklung nehmen können (Egle, Joraschky, Lampe, Seiffge-Krenke u. Cierpka, 2015). Umgekehrt ist auch die Rückkehr zu einer adaptiven Ebene der entwicklungspsychologischen Organisation nach einer Zeit der Pathologisierung wahrscheinlicher, wenn die Organisationsebene vor dem Zusammenbruch kompetent und adaptiv funktionierte (Sroufe, Egeland u. Kreutzer, 1990).

Die komplexe Variabilität von Vulnerabilität – Rahmenbedingungen – Resilienz lässt sich nicht in einfachen empirischen Modellen von abhängigen und unabhängigen Variablen beschreiben. Dass keine stringenten Kausalketten als Erklärungsmodell für psychische Gesundheit im Alter zu erwarten sind, sondern viele Bedingungen und Entwicklungswege zum gleichen Erscheinungsbild führen, wird als *Äquifinalität* bezeichnet (Kusch u. Petermann, 1998). Im umgekehrten Sinne wird das Phänomen, dass Menschen mit gleichartigen Entwicklungswegen und ähnlichen Rahmenbedingungen unterschiedliche Krankheitsbilder bzw. Störungen entwickeln, als *Multifinalität* benannt (Cicchetti u. Rogosch, 1996).

Äquifinalität und Multifinalität haben insbesondere im Hinblick auf die Bedeutung der syndromalen Diagnostik (ICD-10, WHO, 2005) bei Alternden eine große Bedeutung. Beispielsweise können sowohl schwere Kränkungen im Lebenslauf als auch die Notwendigkeit der Verarbeitung einer chronischen Krankheit oder eine Störung in den Transmittersystemen des Gehirns eine depressive Störung begründen (Äquifinalität). Umgekehrt kann klinisch gesehen ein syndromal diagnostiziertes Untergewicht bei Menschen mit vergleichbarer Biografie und aktueller Lebenssituation u. a. Ausdruck psychotischer Vergiftungsängste, einer depressiven (Ess-)Störung, einer Anorexia nervosa, einer Fehlernährung bei anankastischer Persönlichkeitsstörung, einer

Somatoformen Autonomen Funktionsstörung des oberen Gastrointestinaltraktes oder einer Tumor-Kachexie sein – als Beispiele für Multifinalität. Daher sind gerade in der gerontopsychosomatischen Diagnostik internistisch-geriatrische wie auch gerontopsychiatrische Kenntnisse gleichermaßen wichtig, um neben Biografie und Lerngeschichte alle relevanten Faktoren zu erfassen, die den Menschen mit seiner bisherigen Entwicklung beschreiben. Die Erfassung dieser Komplexität ist nicht durch einfache Diagnose-Algorithmen zu ersetzen. Darauf aufbauend erfordert es klinische Erfahrung, um zusammen mit dem Alternden im zweiten Schritt entwicklungsfördernde psychotherapeutische Interventionen zu erarbeiten.

Wenn hier derart konsequent auf die Bedeutung von Vorannahmen für das Altersbild und die in dieser Lebensphase notwendigen Entwicklungen hingewiesen wird, könnte man eine Nähe zum Konstruktivismus unterstellen. In der Tat ist das konstruktive Moment der menschlichen Psyche gewichtig: Beispiele sind der ständige Hang, Erklärungen und Deutungen für unbekannte Phänomene zu finden/zu konstruieren. Der *radikale Konstruktivismus* (Maturana, 1987; Luhmann, 1990) vertritt die Auffassung, alle Wahrnehmungen seien Konstrukte; daher sei eine objektive Erkenntnis unmöglich. Bedeutungszuweisungen vollzögen sich in geschlossenen, selbstreferenziellen und selbstexplikativen Systemen. Obwohl der Konstruktivismus gerade in einer immer komplexeren Gesellschaft zur Orientierung beitragen kann, indem die oft absolut gesetzten Forderungen einzelner Gruppen als Konstrukte von Wirklichkeit relativiert werden können, wird hier aus klinischer Sicht den Annahmen der beiden psychotherapeutischen Grundverfahren gefolgt. Aus Sicht des psychodynamischen und des kognitiv-behavioralen Psychotherapieverfahrens erlebt der Mensch jeweils – im Gegensatz zur Auffassung des Konstruktivismus – ein unterscheidbares »Innen« und »Außen« mit einer je gegebenen Relation von Selbst- und Objektwert bzw. Selbstwirksamkeit. Er sieht sich in einem dialogischen Prozess zur »objektiven« Welt der »signifikanten Anderen«. Intrapsychische Prozesse wie Projektionen oder dysfunktionale Gedanken können zu Verzerrungen der Wahrnehmung führen, die sich jedoch im »objektivierenden« Dialog einer psychotherapeutischen Behandlung relativieren lassen. Letztlich würde eine radikal-konstruktivistische Haltung es nicht mehr erlauben, eine »objektivierende« Diagnostik als Basis für eine differenzielle Psychotherapieindikation und eine psychosomatisch-psychotherapeutische Krankenbehandlung vorzunehmen.

Dem körperlichen Alternsprozess die Rolle einer Organisator-Funktion bei Alternden zuzuweisen, lässt sich auch aus Sicht gerontologischer Forschungsergebnisse stützen. So dienen im Metamodell der *Selektiven Optimierung mit Kompensation (SOK)* die Prozesse Selektion, Optimierung und Kompensation dazu, Entwicklung im Angesicht vielfältiger Einbußen zu ermöglichen (Baltes u. Baltes, 1990). Diese Einbußen werden in der Literatur ebenfalls vor allem unter physischen Gesichtspunkten diskutiert:

- *Selektion* von Zielen, Bereichen und Aktivitäten: Wenn beispielsweise nach einem Schlaganfall Gartenarbeit unmöglich geworden ist, können entwicklungsorientierte Interventionen die notwendigen Selektionsprozesse (hier: Verzicht auf Aktivität in einem Lebensbereich) unterstützen.
- *Optimierung* zur Verbesserung von Mitteln und Wegen zur Zielerreichung: etwa durch Erwerb neuer Fähigkeiten und Fertigkeiten oder durch Verfeinerung vorhandener Mittel, wie etwa das Training des Tastsinns bei zunehmenden Sehstörungen.
- *Kompensation* zum Ausgleich von Defiziten in den Mitteln zur Zielerreichung: Die angestrebten Veränderungen erfolgen aufgrund eines Verlusts. Hörgerät, Brille und Rollstuhl sind klassische Beispiele für Kompensationsstrategien.

Das SOK-Modell ist somit eine Amplifizierung für die Plastizität und Veränderbarkeit von Alternsverläufen. Interventionen, die sich auf das SOK-Modell beziehen, können eine allgemeine Verbesserung intendieren. Bei Alternden kann aber das Ziel einer erfolgreichen Intervention auch bedeuten, eine drohende Verschlechterung der

Gesamtsituation zu verhindern oder auch eine Verlangsamung drohender Abhängigkeiten zu erreichen.

Wenn Peters (2014) angesichts der Abnahme fluider Intelligenz im Alter (vs. kristalliner Intelligenz) ein sekundäres Strukturdefizit annimmt, wäre zu diskutieren, ob man diese »Theory of Mind«-Defizite tatsächlich dem psychodynamischen Strukturkonzept im Sinne der Achse IV OPD-2 (Arbeitskreis zur Operationalisierung Psychodynamischer Diagnostik, 2006) zurechnen sollte oder doch eher als Folge des somatischen Alternsprozesses neuropsychodynamisch versteht (Böker u. Northoff, 2005).

3 Gerontopsychosomatik psychischer Störungen

In Lehrbüchern, die sich auf die Psychotherapie von Erwachsenen im mittleren Lebensalter beziehen, werden die im nachfolgenden Absatz beschriebenen Symptom- bzw. Störungsbilder in der Regel unter dem Begriff der speziellen Neurosenlehre abgehandelt, wobei hier die allgemeine Neurosenlehre vorausgesetzt wird. Sowohl in der Genese der nachfolgend besprochenen Störungen als auch bei der Ausgestaltung der Symptomatik im Alter erscheint die Bedeutung körperlicher Aspekte sowohl unter lerntheoretischen als auch konfliktzentrierten Gesichtspunkten von besonderer Bedeutung zu sein. Daher könnte man hier auch von einer *allgemeinen Gerontopsychosomatik* psychischer Störungen sprechen.

Die psychische Verarbeitung von körperlichen Störungen im engeren Sinne (Coping; Compliance) wird in diesem Band nicht gesondert besprochen. Es liegt auf der Hand, dass die Krankheitsverarbeitung eine Funktion sowohl der Schwere des somatischen Befundes als auch der Ich-strukturellen Verarbeitungskapazitäten (Achse IV der OPD-2; Arbeitskreis zur Operationalisierung Psychodynamischer Diagnostik, 2006) und etwaiger Konfliktbelastungen (Achse III der OPD-2) ist.

3.1 Psychische Störungen im Alter

Entsprechend den aktuellen Diagnoseklassifikationen wird von psychischen Störungen gesprochen, wobei die deskriptiv-phänomenologische Ebene so weit wie möglich ohne Bezug auf nosologische Konzepte auszukommen versucht. Allerdings werden die Grenzen dieses

Vorgehens vor allem an der Schnittstelle von der Diagnostik zur Indikationsstellung deutlich: Ob eine depressive Störung eher den Charakter einer affektiven Psychose hat (und damit die Pharmakotherapie ein wichtiger Behandlungsansatz sein kann) oder ob sie Ergebnis eines neurotischen Konfliktgeschehens ist (Indikation zu einer psychodynamischen Psychotherapie) oder ob sie als Folge dysfunktionaler Gedanken begriffen wird (Indikation zu einer kognitiv-behavioralen Psychotherapie), begründet die weitere Behandlungsplanung zentral.

Bei älteren Patientinnen und Patienten besteht die Besonderheit, dass die Symptomatik neurotischer Störungen mit steigendem Alter immer *körperlicher* oder *körpernäher* zu werden scheint. Dabei kann der Ältere sich eher der körperlichen Symbolik in seinen Symptom-Mitteilungen bedienen oder die Symptomatik tatsächlich auch körperlicher empfinden.

3.2 Zur Diagnostik in der Alterspsychotherapie

Aus Sicht der psychodynamischen Psychotherapie bedarf es keiner grundsätzlich »anderen«, altersspezifischen Diagnostik. Allerdings gibt es alterstypische Aspekte bzw. Phänomene bei einzelnen Störungsbildern, und es wäre wünschenswert, wenn diese ergänzend in den Diagnosemanualen erwähnt würden.

Zur Unterstützung der syndromalen Diagnostik nach ICD-10 (WHO, 2005) sind das *Composite International Diagnostic Interview* (CIDI) sowie das *Diagnostische Interview bei psychischen Störungen* (DIPS) und dessen Kurzversion (Mini-DIPS) geeignet.

Für die psychoanalytische Psychotherapie empfiehlt sich die *Operationalisierte Psychodynamische Diagnostik* (Arbeitskreis zur Operationalisierung Psychodynamischer Diagnostik, 2006). Die OPD vermittelt mit ihren insgesamt fünf Achsen (Krankheitserleben und Behandlungsvoraussetzungen; repetitiv-dysfunktionale Beziehungen; repetitiv-dysfunktionale Konflikte; Struktur sowie syndromale Diagnostik nach ICD-10) zwischen einer ausschließlich deskriptiven Diagnostik einerseits und einer psychoanalytischen Diagnostik mit ihren oft unklar definierten Begriffen andererseits. Ist die Symptomatik Folge einer strukturellen Störung, ist eher eine strukturbezogene Psychotherapie (Rudolf, 2006) indiziert (vs. Behandlungsfoki mit einer Konfliktdynamik). Am Beispiel des Aktualkonflikts (Kapitel 3.3.2) kann die Leistungsfähigkeit einer klaren Operationalisierung der (Konflikt-)Konzepte studiert werden.

Psychoanalytische und verhaltenstherapeutische Diagnostik stehen hinsichtlich des Nutzens für den Patienten in einem komplementären Verhältnis. Beide haben ihre Stärken und Schwächen. So lassen sich phobische Ängste vor Spinnen in aller Regel nicht über Lernvorgänge – etwa durch Schädigung durch solche Tiere – erklären. Während die psychodynamischen Konzepte unbewusster Impulse und Motive sowie deren Abwehr hier weiterführen, kann die Verhaltenstheorie besser die Tendenz zur Generalisierung solche Ängste und auch deren Chronifizierung erklären.

3.3 Eine Typologie psychischer und psychosomatischer Symptombildungen im Alter

Im Verlauf neurotischer Störungen, die ihren Ursprung in Kindheit, Jugendzeit oder in der frühen Erwachsenenzeit haben, werden sogenannte *Schwellensituationen* in der Biografie (Übergang ins Berufsleben, Heirat, Geburt des ersten Kindes, Verlust eines Elternteils usw.) oft zu einer *Auslösesituation:* Der vorbestehende neurotische Konflikt wird derart aktualisiert, dass er zu einer Symptomatik führt. Bekannt ist, dass solche neurotischen Störungen unbehandelt im beträchtlichen Ausmaß zur Chronifizierung neigen. Dieses Chronifizierungsrisiko ist jedoch keineswegs auf Ältere beschränkt, da beispielsweise eine 30-Jährige, die seit zehn Jahren unter einer Dissoziativen Störung leidet, schon im jungen Erwachsenenalter mit einer problematischen Prognose »chronisch« erkrankt ist. Es gilt die Faustregel: Für die Prognose ist nicht das Alter des Patienten entscheidend, sondern

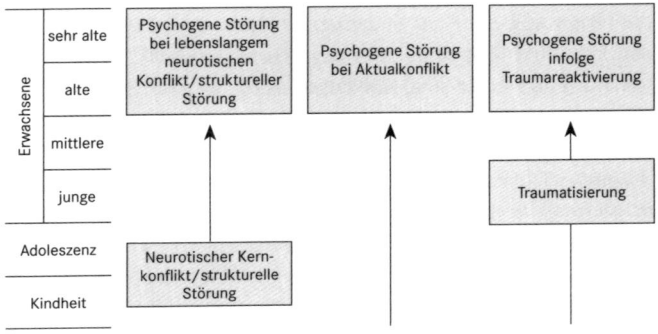

Abbildung 3: Typologie psychogener Störungen im Alter

die Dauer der Störung (im Sinne von Symptomatik). Insofern unterscheidet sich die Reichweite psychotherapeutischer Interventionen nicht grundsätzlich von der anderer medizinischer Disziplinen, die die Prognose chronifizierter Störungen auch zurückhaltend beurteilen (müssen).

Diese Skepsis gilt jedoch nicht generell. So haben wir auch schon eine seit 27 Jahren bestehende zwangsneurotische Symptomatik einer 68-jährigen Patientin ursächlich behandeln können – mit befriedigendem Ergebnis (Heuft u. Herpertz, 1993). Um die Prognose solcher langen Verläufe in der Biografie zutreffend einschätzen zu können, haben wir noch kein sicheres Instrument zur Hand. Daher empfiehlt sich einen Behandlungsversuch, wenn die Patientin oder der Patient dies eindeutig (und nicht nur zu Abwehrzwecken) selbst wünscht, kein relevanter sekundärer Krankheitsgewinn (mehr – etwa nach Beendigung eines Rentenstreits) besteht und die Symptomatik auch in einem langen Verlauf eine gewisse Variabilität (ein »Auf und Ab« oder auch eine Crescendo-Symptomatik mit Verschärfungen bei späteren Konfliktverstärkern) erkennen lässt. Solche symptomverstärkenden Situationen können auch den Charakter von Auslösesituationen zweiter und dritter Ordnung haben. Umgangssprachlich: Weitere Lebensereignisse »hauen in dieselbe Kerbe«.

3.3.1 Späte Auslösesituationen neurotischer Konflikte

Neben den Alternden mit der angesprochenen langjährig *chronifizierten neurotischen Störung* oder *Persönlichkeitsstörung* skizziert Abbildung 3 einen ersten Typus, dem bisher noch relativ wenig Bedeutung beigemessen wurde: der *persistierende neurotische Konflikt,* der bis zum Symptombeginn jenseits des 60. Lebensjahres unter günstigen Umständen kompensiert geblieben ist und erst in der zweiten Hälfte des Erwachsenenlebens symptomatisch wird. Die umfangreichste und detaillierteste Beschreibung der (erfolgreichen) psychoanalytischen Behandlung eines *neurotischen Konflikts,* der erst nach der Berentung der Patientin mit 65 Jahren in Gestalt einer schweren (neurotischen) Depression symptomatisch wurde, stammt von Radebold und Schweizer (2001). Den Anteil relativ neuer psychischer bzw. psychosomatischer Symptome bei Menschen jenseits des 60. Lebensjahrs kann man auf mindestens 30 Prozent schätzen. Diese Gruppe ist deswegen so bedeutsam, weil sie – unabhängig vom chronologischen Lebensalter – aufgrund ihrer kurzen Symptomlaufzeit per se eine gute Prognose hat.

Eine Variante dieses Typus des persistierenden neurotischen Konflikts ist der *rezidivierende neurotische Konflikt.* Bei Menschen, die unter einer solchen Symptomatik/Störung leiden, wechseln im Lebenslauf kürzere oder längere Krankheitsepisoden mit asymptomatischen Phasen. Diese rezidivierende Störung kann auch Hinweis auf eine Persönlichkeitsstörung mit wechselnder Intensität der Symptomatik in verschiedenen Lebensabschnitten sein. Ihre Differenzierung von der erstmals im Alter auftretenden Symptombildung des persistierenden neurotischen Konflikts ist für die differenzielle Therapieindikation wichtig.

Da die (neurotische/psychosomatische) Symptombildung stets der Entlastung aus der Konfliktlage dient *(primärer Krankheitsgewinn)* und diese doch verschlüsselt zur Sprache bringt (»Etwas stimmt mit mir nicht«), ist es verständlich, dass Ältere die fortlaufenden (altersbedingten) Körperveränderungen als präformierte Matrix für ihre Konfliktmitteilungen nutzen können. Unter Verweis auf »meine kaputte Hüfte« kann dann eine befürchtete familiäre Zusammenkunft abgesagt werden, ohne dass überhaupt von Konflikt oder Unlust die Rede sein muss. Wie auch bei Jüngeren besteht die Gefahr einer die Regression vertiefenden Haltung der Umgebung durch die Befriedigung eines *sekundären Krankheitsgewinns* (»Mutter hat ja seit Jahren so mit ihrer Hüfte zu tun, dass sie sich nicht aus dem Haus traut, um sich mit der Familie zu treffen. Nur wenn der Lieblingssohn sie am Arm führt, dann kann sie das Haus verlassen«). – Es wäre ein lohnendes Unterfangen, die Symptomausprägungen einzelner Störungsgruppen auf eine lebensabschnittbezogene (!) Phänomenologie zu untersuchen.

Aus diesen Ergebnissen leitet sich die Empfehlung ab, bei einem älteren Patienten, der vielleicht in der Praxis seit Jahren bekannt ist und jetzt plötzlich eine neue, oft körperlich imponierende Symptomatik entwickelt, ohne dass sich – trotz sorgfältiger Diagnostik – somatische Ursachen finden lassen, auch an die Möglichkeit einer psychischen bzw. psychosomatischen Symptombildung im Alter zu denken. Besondere Aufmerksamkeit kann in den Fällen empfohlen werden, in denen der Patient einen massiven Leidensdruck äußert, der auf somatischer Ebene kein Korrelat hat, besonders wenn zusätzlich Beruhigungsmittel eingefordert werden. – Der Hausarzt wird im weiteren Verlauf allein durch die vorbestehende Kenntnis seines Patienten und dessen gesamter Lebensumstände bei entsprechender Aufmerksamkeit rasch konflikthafte Zuspitzungen, Trennungen, Verluste oder andere Schwellensituationen identifizieren können. Entsprechende Kompetenzen des Arztes im Rahmen der »Psychosomatischen Grundversorgung« können für den Patienten dann unter Umständen für sein ganzes weiteres Leben richtungweisend sein. Entweder er wird chronisch krank und vorzeitig ein »Fall für das Sozialmanagement«, obwohl er eigentlich biologisch noch ein selbstständiges Leben führen könnte – oder er erfährt eine kurative Behandlung.

3.3.2 Das Konzept Aktualkonflikt

Neben diesen verschiedenen neurotischen Entwicklungen über den Lebenslauf lässt sich eine zweite Patientengruppe unterscheiden (siehe Abbildung 3, S. 40), deren Symptomatik nicht auf einer seit Langem bestehenden neurotischen Thematik basiert, sondern auf einem *Aktualkonflikt* (Heuft, Hoffmann, Mans, Mentzos u. Schüßler, 1997a, 1997b; Kapitel 2.3). Das Konzept der Organisatoren (Kapitel 2.3) macht deutlich, dass Alternde allein durch die anstehenden Veränderungen der äußeren Realitäten im Alternsprozess hinsichtlich ihrer sozialen Desintegration eine Risikogruppe bilden. Hinzu kommen dann noch die spezifischen Aufgaben dieses Lebensabschnitts durch die Auseinandersetzung mit dem körperlichen Alternsprozess.

So sehen wir in der klinischen Praxis Alternde mit einem deutlichen symptomvermittelten Leidensdruck, deren Anamnese/Biografie trotz sorgfältiger Untersuchung keine pathogenen repetitiven Konfliktmuster erkennen lässt und deren Lebenslauf nach Erreichen des Erwachsenenlebens (etwa nach Gründung einer eigenen Familie oder/und beruflichen Entwicklung) eine strukturelle Störung (Achse IV der OPD-2; Arbeitskreis zur Operationalisierung Psychodynamischer Diagnostik, 2006) mit an Sicherheit grenzender Wahrscheinlichkeit ausschließen lässt. Ursächlich für die Probleme dieser Patienten können entweder massive (auch akut-traumatische) *konflikthafte äußere Lebensbelastungen* oder primär intrapsychisch erlebte konflikthafte Belastungen durch Entwicklungs- und Alterungsprozesse im Lebenslauf sein. Derartige intrapsychisch erlebte konflikthafte Belastungen im Alternsprozess werden als *Aktualkonflikte* bezeichnet. Einen solchen Aktualkonflikt kann der Betreffende in einem *passiven* oder in einem *aktiven* (Abwehr-)Modus zu bearbeiten suchen.

Im Gegensatz zum psychoneurotischen Konflikt sind dem Patienten die motivationalen Beweggründe teilweise oder ganz bewusst. Das *pathogene Element* wird *nicht* über die Qualität der Bewusstheit des Konflikts, sondern über seine prinzipielle, subjektive oder objektive Unlösbarkeit widerstreitender Motive definiert. Der Patient, die Patientin erlebt sich in Hinsicht auf eine adäquate Bewältigung oder Lösung überfordert. Daraus folgt, dass die Realqualität der konflikthaften äußeren Lebensbelastung in der Regel erheblich sein wird. Prinzipiell gilt auch hier ebenso wie bei den neurotischen Konflikten, dass die *relative Überforderung* der Ich-Möglichkeiten zur Dekompensation führt.

Behandlungsbeispiel 1: Aktiver Modus eines Aktualkonflikts
Eine 70-jährige Patientin wurde von der Universitätsaugenklinik wegen einer chronischen Bindehautentzündung und Hornhauttrübung bei nachgewiesenem Ausfall der Tränensekretion ohne organische Erklärung des Befundes (sog. Sicca-Syndrom) überwiesen. Durch die konsekutive Visusbeeinträchtigung war die Patientin gezwungen, auf ihr Auto zu verzichten. Gleichzeitig war sie aufgrund einer mittelschweren Arthrose erheblich gehbehindert und fühlte sich nach ihrer Augenerkrankung ohne Auto mit einer Wohnung am Stadtrand von den wenigen tragenden Beziehungspersonen, die sie nur mit dem Wagen erreichen konnte, plötzlich abgeschnitten. Sie wirkte im Gespräch hilfesuchend und ohne Zukunftsperspektive, war jedoch nicht akut suizidal. In der Biografie fanden sich bisher keinerlei seelische Störungen oder lebensbestimmende konflikthafte Verhaltensmuster. Vor drei Jahren hatte die Patientin ihren etwas älteren Mann plötzlich durch einen Herzinfarkt verloren. Sie hatte sich mit ihrem Mann längere Zeit bewusst auf die mögliche wechselseitige Verwitwung einzustellen versucht und sich nach seinem Tod bemüht, ihr stets geordnetes Leben weiter wie gewohnt zu führen. Demzufolge war sie psychosozial gut eingebunden. Die Einschränkungen durch die Augenerkrankung »zwangen« die Patientin nun zu der Einsicht, dass sie die Vulnerabilität ihrer psychosozialen Situation durch den fortschreitenden Alternsprozess verleugnet hatte. Im Rahmen einer ambulanten Kurzpsychotherapie fand die Patientin Zugang zu einer nochmaligen vertieften Trauer um den Verlust des Mannes und des bisherigen gemeinsamen Lebens. Parallel zu dieser Trauerarbeit besserte sich der augenärztliche Befund – verifiziert über die Schirmer-Probe zum Nachweis der Tränendrüsenfunktion – anhaltend auch über eine katamnestische Nachuntersuchung hinweg. Gleichzeitig war die

Patientin durch das Aufdecken einer weitergehenden Entwicklungsnotwendigkeit motiviert, auch in ihrer näheren Wohnumgebung eine Freundschaft zu einer Nachbarin, die sie bisher nur von Ferne gegrüßt hatte, neu aufzubauen.

Trotz der aktuell ausgeprägten körperlichen und psychischen Symptomatik war in der biografischen Anamnese bei dieser Patientin kein repetitives neurotisches Konfliktmuster oder ein Hinweis auf eine strukturelle Störung bzw. eine Persönlichkeitsstörung evaluierbar. Die Patientin war keine »alt gewordene Neurotikerin«, und die Modulationen der Persönlichkeit rechtfertigten nicht die Annahme einer (strukturellen) Persönlichkeitsstörung. Es lässt sich eine deutliche psychodynamisch relevante *Auslösesituation* auffinden. Dabei wird der Begriff »Auslösesituation« im Sinne von Dührssen (1954/55) verstanden, ohne jedoch beim Aktualkonflikt die neuroseaktivierende Dimension mitzudenken. Die unbewusste psychische Konfliktdynamik mit Rückwirkungen auf die interpersonalen Beziehungen lässt sich induktiv beobachten. Zusätzlich sind deduktiv genauso wie bei psychoneurotischen Konflikten widerstreitende Affekte wie Wut, Scham, Kränkung, Trauer und Angst in der konkordanten Gegenübertragung spürbar. In der positiven komplementären Gegenübertragung erlebt sich der Diagnostiker, die Diagnostikerin gefordert als zum Beispiel gesuchtes, mächtiges, hilfreiches, selbstwertstützendes Objekt oder bei Wahrnehmung einer negativen Gegenübertragung als ablehnendes, potenziell vernichtendes Objekt.

Der Begriff »Aktualkonflikt« wurde in Anlehnung an das unscharf entwickelte Konzept der »Aktualneurose« formuliert, einen Terminus, den Freud erstmals 1898 unter Bezugnahme auf neurasthenische, (im damaligen Sinne) angstneurotische und hypochondrische Symptome benutzte. »Das Attribut ›aktual‹ wird dieser Gruppe von Neurosen zugeschrieben, weil ihre Ursachen aus der Gegenwart und nicht, wie bei den Psychoneurosen, aus der Vergangenheit der Patienten stammen« (Freud, 1917, Fußnote S. 400). In diesen Fällen erschien eine psychoanalytische Behandlung sensu strictu aus damaliger Sicht aussichtslos.

Durch die in der Folge von Psychoanalytikern immer ausschließlicher betonte Rolle repetitiver Konflikte und der Phantasietätigkeit für die Pathogenese kam der Aktualneurose nie eine wesentliche Bedeutung zu.

Differenziert werden muss eine psychische bzw. psychosomatische Symptombildung aufgrund eines Aktualkonflikts von den Folgen traumatischer Erfahrungen im engeren Sinne sowie von Problemen der Krankheitsverarbeitung (Coping). Im klinischen Alltag finden Aktualkonflikte auf der syndromalen Ebene unter den »reaktiven Depressionen« Alternder am ehesten ihren Niederschlag. Das von Bräutigam (1978, S. 58) formulierte Konzept der *Konfliktreaktionen* als überwiegend bewusste Reaktionen auf äußere Belastungen kommt dem Aktualkonflikt-Konzept am Nächsten: »Jeder Mensch durchläuft normalerweise Reifungskonflikte, gerät später im Beruf und Familie erneut in Konfliktsituationen.«

Von der sich verändernden Körperlichkeit im Alternsprozess lässt sich auf Dauer ebenso wenig absehen wie von der Veränderung der Sozialbezüge – bei allen empirischen Ergebnissen zu den verbleibenden Kompetenzen und Entwicklungspotenzialen im Alter. Der körperliche Alternsprozess stellt die eigene Selbstbestimmung (Teising, 2017) des Älteren immer wieder infrage. Der intrapsychische Umgang mit dem Altern in dessen sozialer und biologischer »Zumutung« im doppelten Wortsinn kann in früheren Entwicklungsphasen nicht eingeübt werden: »Leben heißt, kontinuierlich neue Dinge zu erfahren und mit den Problemen, die sie mit sich bringen, umgehen zu müssen. Und diesen Problemkreis können wir nicht einfach damit festlegen, dass wir sagen, alles Wichtige ereignet sich im ersten Lebensjahr und bei der späteren Entwicklung handelt es sich nur um Modifikationen der früheren Erlebnisse« (Heimann, 1962/63, S. 421). Der Konflikt entzündet sich an den je neuen Anforderungen, aus körperlichem Alternsprozess, Beziehungsveränderungen und sozialen Spannungen ein je aktuelles Selbstkonzept zu konstituieren (»Heute bin ich ein Mensch, der …«). Der Alternde muss die Chance erhalten, zu verstehen bzw. verstanden zu werden, warum er – nach einem bisher durchschnittlich kompetenten Konfliktbewältigungsvermögen – *jetzt*

»stecken« bleibt. Die eintretende Symptombildung stellt die regressive Resultante der Konfliktdynamik dar. Das einer drohenden Chronifizierung innewohnende repetitive Moment fehlt beim Aktualkonflikt nicht grundsätzlich; es bezieht sich nur auf einen wesentlich kürzeren Abschnitt der Biografie.

Die Bedeutung des Konzepts Aktualkonflikt wird in bestimmten Konstellationen auch für jüngere Erwachsene diskutiert. So werden im Bereich der Rehabilitation vermehrt Patientinnen und Patienten mit psychoneurotischen oder psychosomatischen Symptomen beobachtet, die mit Sicherheit nicht »neurotisch« waren, bis sie unter überraschenden sozioökonomischen Belastungen wie Arbeitsplatzverlust bei betrieblichen Konkursen oder vorzeitigem Ruhestand als Steuerungselement der Belegschaftsstärke etwa in wirtschaftliche Schwierigkeiten kamen, die sich auch durch das bisher tragende Lebensarrangement nicht auffangen ließen.

Dabei soll die Gefährdung des Individuums durch Reaktivierung neurotischer Konflikte in Schwellensituationen nicht verleugnet werden. Bei Aktualkonflikten »schiebt« das Unvorhergesehene, das überraschend Neue die Psychodynamik offensichtlich an. Da es sich jedoch nicht um eine repetitive Konfliktthematik handelt, ist dieser motivationale Konflikt per definitionem kein *neurotischer* Konflikt. Wird also ein Konflikt in der biografischen Situation eines Menschen verstanden, ist damit noch nicht entschieden, ob dieser Konflikt auch eine neurotische Genese hat. Aktualkonflikte erscheinen anfangs häufig akzentuiert als Störungen im Bereich der narzisstischen Regulation, wobei triebdynamische Implikationen nicht übersehen werden sollten. Unbehandelt besteht die Gefahr einer Regression etwa auf depressive oder suizidale Erlebnisweisen (Behandlungsbeispiel 1).

Es wäre ein Missverständnis, würde man das Konzept Aktualkonflikt als ahistorisch bezeichnen. Die Biografie macht die psychogenetische Kontinuität von Erlebens- und Verhaltensmodi verstehbar. Gerade der Umstand, dass Menschen mit Konfliktthemen konfrontiert sind, deren Lösung sie in ihrem bisherigen Leben noch nicht oder aufgrund veränderter Lebensumstände nicht mehr leben konnten, macht das Leiden »des armen Ich« in seiner personalen historischen Existenz verstehbar. Der intrapsychische Umgang mit diesen Konfliktlagen erlaubt dem Patienten bei der insgesamt begrenzten Auswahl psychischer und psychosomatischer Reaktionsformen keine wesentlich andersartige symptomatische Phänomenologie als beim Umgang mit psychoneurotischen Problemen.

Die Annahme einer Konfliktbegabung bis ins hohe Alter entzieht den alten Menschen sowohl dem Chronifizierungsverdikt als auch normativen Erwartungen, normopathischen Stereotypen oder gar ökonomischen Verwertungsansprüchen der nachfolgenden Generation. Historisch gesehen gibt es für die aktuellen demografischen Konstellationen und die daraus erwachsenden Aufgaben keine Vorbilder.

Diese diagnostischen Überlegungen dienen letztlich der Notwendigkeit, bei einem Patienten mit Leidensdruck am Ende des diagnostisch-therapeutischen Prozesses eine differenzielle Therapieindikation zu stellen: Bei Vorliegen eines Aktualkonflikts besteht die Indikation zu einer Aktualkonflikt-bezogenen psychodynamischen oder kognitiv-behavioralen Fokaltherapie. Je nach Schwere der (psychosomatischen) Symptomatik muss auch die Durchführung einer solchen Behandlung im stationären Rahmen mitgedacht werden. Ziel einer psychodynamischen Behandlung ist die Bewusstmachung der symptombegründenden aktuellen Konfliktlage unter konsequenter Bearbeitung vor allem der negativen Affekte und der negativen Übertragung (z. B. Neidgefühle in Bezug auf den jüngeren Therapeuten). Ein wesentlicher Wirkfaktor kann die Life-Review-Technik sein, da das Bewusstwerden einer eigenen biografischen Gestalt durch Vergegenwärtigung der Biografie ganz wesentlich auch der Entwicklung eines zukunftsbezogenen Identitätserlebens dient.

Sollte sich im Behandlungsverlauf herausstellen, dass neben einem Aktualkonflikt repetitiv-neurotische Konflikte (Kapitel 3.3.1) wirksam sind, kann die Behandlung im Einvernehmen mit dem Patienten oder der Patientin in eine entsprechende modifizierte Psychotherapie »umgewandelt« werden. Gleiches gilt, wenn eine Persönlichkeitsstörung erst im Laufe der Behandlung eines Aktualkonflikts erkannt wird.

Unter dem Gesichtspunkt der differenziellen Therapieindikation sollte auch eine sich erst im Therapieverlauf zeigende Trauma-Reaktivierung abgegrenzt werden, weil aus dieser Differenzialdiagnose für den therapeutischen Prozess besondere behandlungstechnische Implikationen erwachsen. Insbesondere muss geprüft werden, ob man mit dem zeitlichen Umfang einer Kurztherapie auskommt, und es ist notwendig, zum Beispiel auch die politische Dimension der Biografie (etwa notwendige Auseinandersetzungen mit einer Realschuld) in einer besonderen Weise zu berücksichtigen.

3.3.3 Posttraumatische Belastungsstörungen und Trauma-Reaktivierung im Alter

Eine dritte Gruppe von Älteren ist dadurch charakterisiert, dass der Symptombeginn durch die *Reaktivierung einer im Lebenslauf früheren Traumatisierung* erfolgt. Entsprechend der ICD-10 (WHO, 2005) werden als Traumata schwerste Erlebnisse begriffen, die potenziell jeden Menschen nachhaltig belasten oder psychisch schädigen würden. Im Vergleich zu den bekannten Folgen einer Traumatisierung besteht die Besonderheit einer solchen *Trauma-Reaktivierung im Alter* (Heuft, 1993) darin, dass sich zunächst keine typische Posttraumatische Belastungsstörung (PTSD; ICD-10: F43.1; vgl. Kapitel 4.4) entwickelt. Vielmehr bricht die Symptomatik erstmals mit einer Latenz von Jahrzehnten aus, getriggert durch (mit dem körperlichen Alternsprozess verbundene) Gefühle von drohender Hilflosigkeit und Ausgeliefertsein.

Bei der *akuten Belastungsreaktion* (ICD-10: F43.0) ist die Störung immer eine direkte Folge akuter schwerer Belastungen oder einer eher kontinuierlich belastenden Situation bei einem psychisch sonst stabilen Menschen, ohne dass die Kriterien einer PTSD erfüllt sind. Während die Symptome einer akuten Belastungsreaktion innerhalb von Stunden oder Tagen abklingen, können die Symptome einer *Anpassungsstörung* (ICD-10: F43.2) – dazu zählt auch das unvollständige Symptombild einer Posttraumatischen Belastungsstörung (subsyndromale PTBS) – gemäß ICD-10 bis zu zwei Jahre anhalten. Akute Belastungsreaktionen und Anpassungsstörungen können aus psychodynamischer Sicht auch infolge eines Aktualkonflikts (Kapitel 3.3.2) auftreten.

Die *historische Entwicklung des Traumakonzepts* ist in der psychoanalytischen Psychotherapie seit ihren Anfängen durch Diskussionen über die Bedeutung und Auswirkungen traumatischer Lebensereignisse geprägt. Dies gilt insbesondere für Behandlungsversuche bei sogenannten »Kriegszitterern« (traumatisierte Soldaten vor allem im Ersten Weltkrieg) und für den »sexuellen Missbrauch«, ein von Freud vorgeschlagener Begriff. Die Genese der hysterischen Symptombildung wurde ursprünglich im realen sexuellen Missbrauch von Kindern durch Erwachsene gesehen *(Verführungstheorie)*. Verletzt durch die Ablehnung dieser Theorie durch den Wiener Verein für Psychiatrie und Neurologie und alarmiert durch die zum Teil heftigen gefühlsmäßigen Bindungen der oft weiblichen Patienten an den Psychoanalytiker, konzeptualisierte Freud das Übertragungsparadigma: Er nahm an, die Gefühle der Patientinnen und Patienten gelten »eigentlich« einem »früheren« biografisch relevanten Objekt (z. B. einem Elternteil). Infolge der Aufgabe seiner Verführungstheorie betonte Freud die Bedeutung pathogener Phantasien für die Entstehung psychischer Symptome (1895). Diese historische Debatte hat bis heute nichts von ihrer Aktualität verloren, da die Einschätzung der Bedeutung traumatischer Erfahrungen schwankt zwischen den Einschätzungen »hohe Relevanz« und »Überbewertung dieser Ursache«.

Nach der sogenannten kleinianischen Wende in der Psychoanalyse hat die Vernachlässigung der Biografie über den gesamten Lebenslauf (vgl. Kapitel 2) unter dem Einfluss dieser speziellen Schule einen vorläufigen Höhepunkt erreicht. Den vorgeburtlichen und frühen präverbalen Beziehungserfahrungen wird dann eine übergroße Bedeutung beigemessen, wenn sie in die Hypothese einer ubiquitären kindlichen Traumatisierung einmünden (Share, 1996). In diesen Annahmen wird der normale Geburtsvorgang oder werden die ersten geschützten (!) Mangelerfahrungen des Säuglings als Traumaerfahrung angesprochen, deren Folgen zentrales Thema in der psychoanalytischen Therapie von Erwachsenen sein müssten. Für diese Annahmen gibt es bisher keine empirischen Belege. Gerade die Auseinandersetzung mit den psychischen Folgen von Traumatisierungen im weiteren Lebenslauf durch Naturkatastrophen, wie etwa Erdbeben, oder durch Kriegsfolgen (Radebold, 2000, 2004, 2005) zwingt zu einer begründeten Relativierung der naturgemäßen (früh-)kindlichen Belastungssituationen.

Dass der Einbruch traumatischer Gewalt noch bis ins hohe Alter jeden Menschen psychisch möglicherweise endgültig zerstören kann, stellt eine schwer erträgliche Verunsicherung des eigenen Selbst dar. Diese Verunsicherung trifft auch Psychotherapeuten und Psychotherapeutinnen, die sonst einen Teil ihres beruflichen Selbstverständnisses aus dem Erleben ableiten, selbst Konflikte und Entwicklungsschritte gemeistert zu haben, deren Bewältigung sie nun den »Jüngeren« vermitteln. So berichtete Ernst Federn, der in seiner Jugend Gefangener in einem Konzentrationslager der Nationalsozialisten war, als Psychoanalytiker im fortgeschrittenen Alter: »Was mich angeht, so hätte ich sehr gerne von meinen Erlebnissen erzählen wollen, aber es waren die Analytiker, die ausnahmslos einem Gespräch über meine Lagererlebnisse aus dem Wege gegangen sind [...]. Unter dem Vorwand, meine Gefühle schonen zu wollen, verbarg sich die Angst vor eigenen Konflikten, die durch die Berichte über die Schrecken des Lagerlebens ausgelöst werden konnten« (1986, S. 465 f.; zit. n. Ehlert-Balzer, 1996, S. 292).

Selbstverständlich ist der Psychotherapeut, die Psychotherapeutin verpflichtet, den Patienten vor überschwemmenden, die Ich-Funktionen potenziell überfordernden traumatischen Erinnerungen bzw. Affekten zu schützen – im Sinne der Gefahr einer Retraumatisierung durch Überforderung des Ich. Gerade bei älteren Patienten, die sich im Alter erstmals (wieder) mit traumatischem Material aus ihrer Biografie beschäftigen, kann jedoch häufig nach langem symptomfreien Intervall gemäß eigener Erfahrung des Autors von eher stabilen Ich-Funktionen ausgegangen werden, sodass ein ausschließlich »zudeckendes« (als stabilisierend verstandenes) Vorgehen den Alternden mit seinen Erinnerungen (erneut) allein lassen würde.

Während innerhalb der Konfliktgenese das Ich eine *Kompromissbildung* mit Verdrängung des Konfliktthemas ins Unbewusste erreicht, gelingt diese intrapsychische Verarbeitung beim Trauma nicht. Durch das Trauma kommt es zu einer Überforderung vor allem der Ich-Funktionen. Während unvermeidliche, jedoch empathisch begleitete, *geschützte Mangelerfahrungen* in der kindlichen Entwicklung zu intrapsychischen Symbolisierungen (»psychischen Repräsentanzen«: z. B. die nach Trennung wiederkehrende Mutter) führen, können traumatische Erfahrungen nicht in gleicher Weise bewältigt (symbolisiert) werden, sondern führen eher zu einer interpersonalen Abwehr. Ein aktuelles neuropsychologisches Modell unterscheidet in diesem Sinne zwischen impliziten und expliziten Erinnerungsfunktionen. Die impliziten Erinnerungsfunktionen umfassen assoziative Inhalte, Emotionen und Körperbefindlichkeiten, die expliziten Erinnerungsfunktionen das Wortgedächtnis mit seinen umschriebenen, verbalisierbaren (symbolisierten) Gedächtnisinhalten (Narrative). Die intrapsychische Verarbeitung der Neurose zeigt sich u. a. im *Wiederholungszwang* repetitiv-dysfunktionaler, konflikthafter Beziehungen, während das unbewältigte Trauma über eine *repetitive Wiederkehr* immer wieder mit den peritraumatischen Affekten »vor Augen« steht bzw. kaum verstellt wiederholt zu werden droht.

Neben der Pathogenese direkt »traumatisch« wirksamer Situationen ist auch das Risiko einer Depression bei Älteren, die als Kinder im Zweiten Weltkrieg »vaterlos« aufgewachsen sind, empirisch erhöht (Franz, Hardt u. Brähler, 2007).

In der *Kognitionspsychologie* wird die Existenz intrapsychischer *Schemata* angenommen, die der Informationsverarbeitung dienen. Unter dem Gesichtspunkt der Schematheorien wird deutlich, dass ein solches Trauma intrapsychisch nicht integriert werden kann, weil für eine psychische Assimilation entsprechende Schemata fehlen. Und eine Akkommodation ist intrapsychisch nicht zu ertragen, da damit die Selbstkohärenz bedroht wird. Die (peritraumatische) Dissoziation (»Ich steige aus der Situation aus und betrachte alles von außen«) ist die oft einzig mögliche intrapsychische Abwehr und damit auch eine Überlebensstrategie.

Das Konzept der *Trauma-Reaktivierung* muss abgegrenzt werden von dem Verständnis einer *Retraumatisierung*. Eine Retraumatisierung kann (1) durch eine erneute traumatische Erfahrung oder auch (2) durch forcierte, erzwungene »Erinnerungsarbeit« etwa bei Zeugenaussagen in polizeilichen Ermittlungen erfolgen. Retraumatisierungen sind grundsätzlich auch durch eine nicht sachgerecht durchgeführte Psychotherapie möglich, in der das Trauma ohne ausreichenden intrapsychischen Schutz wiederbelebt wird.

Neben diesen relativ scharf abgrenzbaren Konzepten findet sich weniger in klinischen Kontexten als in Alltagssituationen die Beobachtung, dass Menschen eine *traumatische Erfahrung als Lebensthema* mit sich tragen – entweder, indem sie »nie über diese Zeit sprechen« können oder indem sie sich immer wieder über diese Zeit, beispielsweise »als Soldat in Russland«, mitteilen wollen. Manche aus der Gruppe dieser Mitteilsamen verkehren ihre Erfahrungen ins Gegenteil, indem sie etwa vor allem die Kameradschaft unter den Soldaten idealisierend betonen, verstehbar als inneres Gegengewicht zu den anbrandenden bedrohlichen Erinnerungen und Affekten. Dort, wo in der biografischen Anamnese Alternder »Lücken« bemerkt werden, könnten unter Umständen bewusst oder unbewusst traumatische Erfahrungen zunächst zurückgehalten werden. Derartige »Lücken« können zum Beispiel bei einer heute 84-Jährigen (bei Kriegsende 1945 also zehn Jahre alt!) die Flucht aus den ehemaligen deutschen Ostgebieten im Winter 1944/45 an der Hand einer vergewaltigten Mutter und in Verantwortung für jüngere Geschwister beinhalten und bei einem heute 90-Jährigen (bei Kriegsende 1945 also 16 Jahre alt!) die Erfahrung von Bombenangriffen/Ausbombung, die Einberufung als »Flakhelfer« mit Erleben des Todes mehrerer Schulkameraden. Im letzten Jahrzehnt durchgeführte Behandlungen (Radebold, 2000, 2004, 2005) weisen auf die Notwendigkeit hin, gerade bei über 60-Jährigen *zeitgeschichtlich zu denken,* das heißt, solche Erfahrungen weder bei einem anamnestischen Gespräch auszusparen noch ihre Offenbarung zu forcieren.

Ältere Menschen können – unter Umständen angestoßen durch politische Krisen (wie den Golfkrieg Anfang 1991) – frühere Traumatisierungen unter akuter Symptombildung reaktivieren (Schreuder, 1996). Klinisch imponieren diese Trauma-Reaktivierungen entweder als Wiederbelebung von traumatisch empfundenen Sinneseindrücken (Bildern, Geräuschen), die bedrohlich realistisch erlebt werden (»als wäre es gestern gewesen«), oder durch psychische (Ängste) bzw. psychosomatische Symptombildungen (dissoziative Körpersymptome). Im gleichen Sinne können sich auch (lebens-)bedrohlich erlebte körperliche Krisen auswirken.

Zu einer Reaktivierung von Traumatisierungen im Alter lässt sich eine dreifach gegliederte psychodynamische Hypothese formulieren, deren Aspekte untereinander in einem sich womöglich gegenseitig begünstigenden Bezug stehen. Zu einer Trauma-Reaktivierung kann es dadurch kommen, dass

1. ältere Menschen, befreit vom Druck direkter Lebensanforderungen durch Existenzaufbau, Beruf und Familie,»mehr Zeit« haben, bisher Unbewältigtes wahrzunehmen;
2. sie zudem nicht selten auch den vorbewussten Druck spüren, noch eine unerledigte Aufgabe zu haben, der sie sich stellen wollen und stellen müssen;
3. darüber hinaus der körperliche Alternsprozess selbst (in seiner »lebensbedrohlichen« somatischen Dimension) traumatische Inhalte reaktivieren kann.

Behandlungsbeispiel 2: Trauma-Reaktivierung im Alter
In die Ambulanz kommt eine 74-jährige, sorgfältig gekleidete Frau, überwiesen von ihrem Hausarzt. Sie hatte drei Wochen zuvor aus dem Gefühl heraus, jetzt endlich nicht mehr schweigen zu können, ihren Mann und ihre gesamte Verwandtschaft damit konfrontiert, dass sie zwischen dem neunten und elften Lebensjahr von ihrem Vater wiederholt sexuell missbraucht worden sei. Nie habe sie mit jemandem in ihrem Leben darüber sprechen können.

In der Gegenübertragung ist der Untersucher vielleicht rasch mit einem abwehrenden Gefühl konfrontiert: Muss das denn jetzt noch sein – nach so vielen Jahren – und was kann der Ehemann für ihre

Wut etc.?! Mag sein, dass diese Gegenübertragungsgefühle wirkliche innere Ambivalenzen der Patientin, also einen Selbstaspekt der Patientin, widerspiegeln. Genauso kritisch sollte sich der Untersucher jedoch fragen, ob er nicht mit seiner Eigenübertragung (Heuft, 1990a) konfrontiert ist, gespeist etwa aus dem latenten Entsetzen, was wäre, wenn die eigenen Eltern ähnliche traumatische Erfahrungen plötzlich unverblümt thematisieren würden. Oder der Untersucher spürt den unterschwelligen Auftrag von Hausarzt und Verwandtschaft der Patientin, diese Patientin möglichst »ruhigzustellen« – und identifiziert sich mit diesem Aspekt sozialer Erwünschtheit mehr als mit dem Leiden der Patientin.

In diesem Beispiel überwiegt von den genannten drei Punkten vor allem der ganz bewusst von der Patientin empfundene Drang (vgl. Punkt 2 oben), jetzt endlich dieses aufgezwungene Geheimnis zu lüften: »bevor es zu spät ist«. Und weil sie jetzt keine weitergehenden Rücksichten mehr »wegen der Kinder« etc. meint nehmen zu müssen. – In der folgenden Fallgeschichte wird eher die Bedrohung durch den Alternsprozess zum Motor der Trauma-Reaktivierung, die zunächst unbewusst bleibt.

Behandlungsbeispiel 3: Psychosomatische Symbolisierung bei Trauma-Reaktivierung

Der 63-jährige Patient litt seit drei Monaten unter einer schweren Dyspnoe, indem er stets wie gegen einen Widerstand mit lautem Seufzen ausatmete: »Ich muss so schnaufen.« In zwei jeweils 14 Tage dauernden stationären internistischen Durchuntersuchungen war die Diagnose eines erstmals jetzt im Alter aufgetretenen Asthmas bronchiale gestellt und eine hochdosierte lokale (Spray) und systemische Asthma-Medikation für notwendig erachtet worden, obwohl die systemisch wirksamen Medikamente unvermeidlich negative Nebenwirkungen auf die kardiale Leistungsfähigkeit des leicht herzinsuffizienten Patienten hatten.

Durch einige Zufälle kam der Patient auf Empfehlung seines Hausarztes in die Ambulanz. Zunächst berichtete er von einem

Beinahe-Unfall auf der Autobahn: Ein plötzlich ausscherender Lkw hatte ihn auf der Überholspur geschnitten. Er hatte das Gefühl, wenn er nicht so schnell reagiert und gebremst hätte, wäre es zu einem Unfall gekommen. Nach diesem Schrecken fuhr er auf den Standstreifen und begann, »nach Luft zu ringen«. Nach einigen Minuten konnte er sich so weit selbst beruhigen, dass er ganz langsam noch das Auto nach Hause gesteuert bekam. Von da an fuhr er jedoch selbst nicht mehr und es entwickelte sich die genannte Atemsymptomatik. Da er von Beruf Autoverkäufer war und am Stadtrand wohnte, war er von dieser Zeit an arbeitsunfähig. Differenzialdiagnostisch schied eine phobische Problematik nach diesem Beinahe-Unfall auf der Autobahn aus, da er als Beifahrer keinerlei Angst im Auto verspürte. Auch eine akuttraumatische Störung war auszuschließen, da der Patient nicht unter den Symptomen einer Posttraumatischen Belastungsstörung litt. Außerdem hatte er in seinem Arbeitsleben als erfolgreicher Autoverkäufer mehrere nicht verschuldete tatsächliche Autounfälle erlitten, die keinerlei psychische Symptomatik bei ihm ausgelöst hatten.

Im zweiten Untersuchungsgespräch erwähnte er eher zufällig den plötzlichen Herztod seines besten Freundes 14 Tage vor dem Beinahe-Unfall auf der Autobahn. Beide Männer waren verheiratet, hatten aber auch viele gemeinsame Pläne, was sie nach der absehbaren Berentung gemeinsam machen wollten. Dieser plötzliche Verlust sei für ihn so schlimm gewesen, dass er nicht einmal habe zur Beerdigung gehen können. Differenzialdiagnostisch drängte sich nun beim Untersucher die Überlegung auf, den Herztod einer signifikanten Bezugsperson als Auslösesituation für die Symptomatik zu verstehen. Aber warum konnte dieser Mann, der in seinem Leben mit vielen belastenden Situationen konfrontiert gewesen und Schwellensituationen gemeistert hatte, der sich von seinen Eltern lösen und diese beerdigen konnte, der vor Jahren seine erwachsenen Kinder gut gehen lassen konnte, jetzt mit diesem Todesfall nicht adäquat trauernd umgehen?

Vor dem dritten diagnostischen Gespräch war dem Untersucher aufgefallen, dass innerhalb der biografischen Anamnese über die

Jugendzeit noch kaum etwas bekannt war. Die Nachfrage zu diesem Lebensabschnitt brachte die folgende, vom Patienten zunächst fast rein berichtsmäßig geschilderte Geschichte zutage: Ausgangs des Zweiten Weltkriegs war der Patient als Jugendlicher zum sogenannten »letzten Aufgebot« eingezogen worden. Er selbst und seine Familie hatten glaubhaft wenig Identifikation mit der nationalsozialistischen Ideologie besessen. Für ihn als Jugendlichen sei es mehr ein »Räuber und Gendarm«-Spiel gewesen, als sie aus einem Waldstück heraus heranrückende amerikanische Panzer beschossen hätten. Dabei sei ein Jeep in Brand geschossen worden. Daraufhin hätten die Panzer die Richtung geändert und seien in das Waldstück hineingefahren, in dem die Jugendlichen in Schützengräben lagen. Diese Gräben seien von den Kettenfahrzeugen dann »eingeebnet« worden, wobei in einem der vorderen Schützengräben sein damaliger Schulfreund ums Leben kam. Der Patient äußerte unabhängig von der Realität, dass dieser Junge damals vermutlich erdrückt wurde, die Phantasie, er sei erstickt. Er selbst sei mit dem Leben davongekommen, weil er ganz hinten postiert gewesen sei. – Danach war der Krieg zu Ende und keiner interessierte sich für diese Erlebnisse. Es galt, das tägliche Überleben durch Beschaffung von Nahrungsmitteln zu sichern. Bald darauf begannen die Berufsausbildung und seine Tätigkeit als Autoverkäufer, für deren Erfolg er mehrfach mit Prämien ausgezeichnet worden war, die Gründung der eigenen Familie, Bau eines Eigenheims etc.

Durch den Tod seines jetzigen Freundes wurden plötzlich die eigene Endlichkeit und ein damit verbundenes, noch undeutliches Gefühl von Bedrohung bewusst. Der Beinahe-Unfall auf der Autobahn hatte dieses Bedrohungserleben erneut aktualisiert und in Identifikation mit dem als Ersticken phantasierten Tod des Jugendfreundes zu der Dyspnoe-Symptomatik geführt.

Die Behandlung wurde als Trauma-fokalisierende ambulante Psychotherapie mit einer Frequenz von einer Therapiesitzung pro Woche über ein halbes Jahr durchgeführt. Im Laufe der Behandlung konnte auf alle »Asthma«-Medikamente in Kooperation mit den Internisten verzichtet werden, und der Patient begann, nachdem er zunächst von seiner Frau zu den Behandlungen gebracht wurde, schließlich wieder selbst Auto zu fahren. Am Ende der Behandlung hatte er begonnen, an seiner alten Stelle – wenn auch mit einem etwas veränderten Aufgabenbereich – wieder berufstätig zu sein.

Für die traumatische Situation sind Gefühle von Hilflosigkeit und Ausgeliefertsein charakteristisch. Da die traumatischen Erfahrungen vermutlich in einer spezifischen Weise »unsymbolisiert« im Gedächtnis »abgelegt« werden, können spätere Lebenssituationen, die ebenfalls mit Gefühlen von Hilflosigkeit und drohendem Ausgeliefertsein einhergehen, diese Erinnerungsfragmente wieder bedeutsam werden lassen – als direkt zugängliche Erinnerungen oder über psychische bzw. körperliche Symptome. Dabei können diese Körpersymptome unter Umständen auch als eine Form von symbolischer Bearbeitung traumatischer Inhalte (wie in Behandlungsbeispiel 3) verstanden werden.

3.4 Intergenerationale Perspektiven von Traumafolgen

Wenn Alternde uns von Schwierigkeiten im Umgang mit ihren Kindern berichten, kann dies sehr viele Gründe auf beiden Seiten haben. Hier sei zumindest kurz angesprochen, dass einer der Gründe auch Traumaerfahrungen der heute Alternden sein können, die von der nachfolgenden Generation noch als Belastung erlebt werden. So gibt es die sogenannten Kriegskinder, die während des Zweiten Weltkriegs als Kinder die Schrecken der Bombennächte, Flak oder Ähnliches durchlebt haben und später in ihren eigenen Kindern psychischen Halt suchten, indem sie immer wieder diese traumatischen Erfahrungen erzählt haben. Die heute erwachsenen Nachkriegskinder können durch die intensive (empathische kindliche) Identifikation mit den Erlebnissen der Eltern das Gefühl entwickelt haben, sie seien selbst in diesen Bombennächten dabei gewesen. Im anderen Extrem kann anhaltendes Schweigen der Kriegs-(kinder-)Generation zu einer Belastung auch für die nachfolgende Generation werden. Wesentliche Beiträge auf dem II. Europäischen Kongress »Kriegskindheit in Europa im Zweiten Weltkrieg« finden sich bei Fooken und Heuft (2014).

Es gibt zwischenzeitlich sehr gute Untersuchungen zu den Langzeitfolgen extremer Traumatisierungen (Kruse u. Schmitt, 2000), die sich auch über die Generationen hinweg manifestieren können (von der Stein, 2014).

4 Behandlungsansätze psychodynamischer Psychotherapie im Alter

Wie in der psychodynamischen Diagnostik bedarf es auch keiner ganz anderen Psychotherapie im Alter. Es können die üblichen psychodynamischen Verfahren (ambulante tiefenpsychologisch fundierte Psychotherapie, ambulante analytische Psychotherapie, ambulante tiefenpsychologisch fundierte oder analytische Gruppentherapie, stationäre integrative Therapiemodelle) mit bestimmten Modifikationen unter Berücksichtigung von Besonderheiten der Übertragung und Gegenübertragung zum Einsatz kommen. Die Indikationsstellung für ein bestimmtes Verfahren bzw. Setting sollte unter ähnlichen Gesichtspunkten wie auch für jüngere Patientinnen und Patienten erfolgen (siehe dazu ausführlich Heuft, Kruse u. Radebold, 2006).

4.1 Besonderheiten, technische Modifikationen und spezifische Themen

In der praktischen Planung der Psychotherapie sind ggf. sensorische Einschränkungen (z. B. Schwerhörigkeit, Sehbehinderung), Einschränkungen der Mobilität (adäquate, nicht zu niedrige Sitzgelegenheit oder Couch; rollstuhlgerechte Praxis), Einschränkungen der Konzentrationsfähigkeit (Tageszeit und evtl. Aufteilen der Sitzungen) zu berücksichtigen. In jüngerer Zeit finden Untersuchungen bei Hochaltrigen eine besondere Beachtung (Jopp, Boemer u. Rott, 2016; Kruse, 2017).

Spezifische Themen in der Psychotherapie mit Älteren, die nicht nur, aber vorrangig im höheren Lebensalter auftreten, sind: Verlust wichtiger Bezugspersonen oder sozialer Rollen bzw. Rollenwechsel, Verlust körperlicher und kognitiver Fähigkeiten, körperliche Erkrankungen, Schmerzen, sensorische Einschränkungen, aufgrund von Hilfsbedürftigkeit im Alltag auftretende aktualisierte Abhängigkeits-Autonomie- oder Selbstwert-Thematik, Thematisierung von Tod und Sterben, interpersonelle und intergenerationelle Konflikte unter besonderer Berücksichtigung der historischen Perspektive (evtl. als Täter oder Opfer Erleben zweier Weltkriege, Vor- und Nachkriegszeit, Flucht, Vertreibung, Traumatisierungen etc.).

Ein Literaturüberblick über die Behandlungsziele, die in der Literatur zur Psychotherapie mit Älteren genannt werden, ergab vorrangig folgende Ziele: Symptomreduktion, Wiederherstellung von Selbstwertgefühl, Bewältigung der körperlichen und interpersonellen Belastungen, Erwerb neuer interpersoneller Fähigkeiten und Bewältigungsmechanismen, Bearbeitung individueller Konflikte und Ängste, Anpassung an die Situation und Rolle des Alternden trotz abnehmender Möglichkeiten, Trauerarbeit, Selbstfindung im letzten Lebensabschnitt, mehr Bewusstheit und Wachstum, Förderung der Kontakt- und Kommunikationsfähigkeit, allgemeine Aktivierung, Realitätsüberprüfung. Damit unterscheiden sich die genannten Behandlungsziele nicht grundlegend von denen, die in der Literatur für jüngere Erwachsene genannt werden (Überblick bei Schneider u. Heuft, 2001).

4.2 Altersspezifische Übertragung

Die psychoanalytische bzw. tiefenpsychologisch orientierte Einzel- und Gruppenpsychotherapie Älterer unterscheidet sich von der Behandlung jüngerer Erwachsener durch besondere und komplexe *»umgekehrte und multigenerationelle«* Übertragungskonstellationen (Heuft et al., 2006). Hiatt (1971) hat die multigenerationelle Übertragung in drei Kategorien eingeteilt: Elternübertragung, Geschwisterübertragung und Kinder-Enkel-Übertragung. Obwohl auch bei den Älteren entsprechend der klassischen Übertragungskonstellation weiterhin der Wunsch nach mächtigen Elternimagines besteht, können die jüngeren Therapeutinnen und Therapeuten zunächst auch (evtl. aus Gründen der Abwehr) als Kinder oder Enkelkinder gesehen werden. An sie werden Wünsche und Erwartungen nach besonderer Zuwendung, Hilfestellung und Versorgung herangetragen oder sie werden zunächst nicht in ihrer Expertenrolle akzeptiert und entwertet. Diese »Sohn- bzw. Tochter-Übertragung« ermöglicht den alten Patienten in besonderer Weise, die in der Beziehung zur nächsten Generation unbewältigt gebliebenen Konflikte durchzuarbeiten. Die sich nach dieser Bearbeitung allmählich einstellende klassische Übertragungskonstellation wird im Behandlungsverlauf häufig durch multigenerationelle Übertragungsangebote kompliziert, indem der Therapeut oder die Therapeutin auch im Weiteren nacheinander oder parallel Eltern, Kinder, Geschwister, Kollegen oder Partner des Patienten repräsentiert.

4.3 Gegenübertragungsprobleme und Eigenübertragungsphantasien bei chronologisch jüngeren Therapeuten

In der *Gegenübertragung* (verstanden als die nicht neurotische Reaktion des Therapeuten auf die Übertragung des Patienten) kann der Therapeut den älteren Patienten in der Elternrolle erleben. Neben den durch die Übertragung des Patienten auf den Therapeuten aktivierten Gegenübertragungsaspekten können aber auch eigene Übertragungsbereitschaften (sog. »Eigenübertragung«) des Therapeuten aktiviert werden, zum Beispiel im Zusammenhang mit ungelösten Konflikten in der Beziehung zu den eigenen Eltern (Heuft, 1990a).

Folgende Gegen- bzw. Eigenübertragungsprobleme können auftreten:
- Ältere werden als schwache, hilfsbedürftige Eltern gesehen, pathologisches Verhalten wird als Altersvariable begriffen;

- Rache und Revanchegelüste sowie Schuldgefühle gegenüber den älteren Patienten;
- Aktivierung eigener Ängste vor Alter bzw. Abhängigkeit und Hilflosigkeit;
- Abwehr der Sexualität der Eltern und Verleugnung der Sexualität älterer Patienten, Abwehr eigener ödipaler oder präödipaler Wünsche;
- Aktivierung unbewusster Wünsche nach idealen Eltern, weisen Alten;
- Identifizierung mit Kindern und Enkelkindern von Patienten;
- Probleme mit intensiven Hass- oder Verliebtheitsgefühlen des älteren Patienten im Rahmen der Übertragung.

Daraus können spezifische Abwehrreaktionen gegenüber den älteren Patientinnen und Patienten resultieren, die zum Teil die Behandlungs- »Verweigerungen« gegenüber Älteren erklären. Oder über 60-Jährige erhalten nur ein reduziertes Psychotherapieangebot: etwa nur supportive Therapien. Oder die Behandlung erfolgt weitgehend medikamentös und polypragmatisch. Aufgrund der eigenen Ängste können die Phänomenologie des normalen Alterns und adaptive Bewältigungsstrategien als pathologisch oder im Gegenteil können pathologische Symptome als altersphysiologisch verkannt werden. Es kann zu verbalen Äußerungen mit infantilisierenden Zügen kommen, oder die mangelnde eigene Behandlungskompetenz bzw. Unsicherheit wird projektiv verkannt als Rigidität und fehlende Motivation des Patienten.

Die Bereitschaft von Psychotherapeuten, mit über 60-Jährigen zu arbeiten, wird nur von den vorherigen Erfahrungen der Psychotherapeuten mit Älteren vorhergesagt und nicht vom Alter der Therapeuten oder ihrem gerontologischen Wissensstand.

4.4 Differenzielle Behandlungsansätze in der Psychotraumatologie

Im Gegensatz zu den Ursachen von akuter Belastungsreaktion und Anpassungsstörungen (Kapitel 3.3.3) sind die Ursachen für *psychische Traumata* und deren klinisches Bild in der ICD-10 deutlich schärfer abgegrenzt: Das psychische Trauma wird definiert als Folge eines kurzzeitigen oder länger dauernden belastenden Ereignisses, das *außerhalb der üblichen menschlichen Erfahrung* liegt, für *fast jeden belastend* wäre und üblicherweise mit Gefühlen von *intensiver Angst, Schrecken* und *Hilflosigkeit* erlebt wird. – Es bedarf einer klaren Abgrenzung gegenüber allgemeinen Lebensschicksalen, da sonst die Gefahr besteht, sowohl eine »allgemeine« Traumatisierung der Bevölkerung durch Trennungen, Verluste etc. zu unterstellen als auch durch eine unerträgliche Verallgemeinerung die Traumatisierten erneut »alleinzulassen« (»Ja, ja, wir haben doch alle schon Schlimmes mitgemacht ...«).

Die resultierenden Beeinträchtigungen dauern in der Regel mehr als einen Monat und manifestieren sich bei Erwachsenen oft über Hauptmerkmale der *Posttraumatischen Belastungsstörung* (PTBS) (ICD-10: F43.1). *Typische Merkmale* der PTBS sind das sich wiederholt aufdrängende Erinnern *(Flashbacks)* des Traumas, *spezifische Albträume,* eine dauerhafte Anspannung *(vegetatives Arousal)* oder andauernde Gefühle des Betäubtseins und der emotionalen Stumpfheit sowie ein *Vermeiden* von Situationen, die an das Trauma erinnern könnten.

Durch Menschen bewusst verursachte Ereignisse (z. B. Folter, KZ-Haft, Vergewaltigung als sogenannte *Man-Made Disasters*) und begleitende Verletzungen der körperlichen Integrität stellen fast immer komplizierende Faktoren dar. Alkohol- und Drogenabusus können (als »Selbstmedikation«) die Behandlung erschweren.

Für Alternde ist insbesondere der Aspekt der individuellen Vulnerabilität von zentraler Bedeutung. Wie das nachfolgende Fallbeispiel zeigt, kann das Erlebnis eines Überfalls auf der Straße, das für einen jüngeren Menschen unter Umständen noch keine im engeren Sinne traumatische Qualität haben muss, für einen alten Menschen zu einem psychischen Trauma mit weitreichenden psychischen Folgen werden.

Behandlungsbeispiel 4: Akute Traumatisierung im Alter
Eine 76-jährige Frau liegt nach einem Raubüberfall auf einer chirurgischen Station. Der Überfall, bei dem ihr die Handtasche entrissen wurde, fand in der Nähe ihrer Wohnung auf der Straße statt. Da sie durch die Wucht des Angriffs außerdem stürzte, wurde sie vorsorglich von hilfreichen Passanten ins Krankenhaus gebracht. Außer Schürfwunden fanden sich glücklicherweise keine weitergehenden somatischen Verletzungen. Jedoch entwickelte sie in den Tagen nach dem Überfall eine tiefgehende Ängstlichkeit mit der Vorstellung, nicht mehr allein leben zu können. Bei einem solchen Angriff könne sie im Wiederholungsfall so schwer stürzen, dass sie sich Brüche zuziehe, die sie ans Bett fesseln würden. Sie habe das Gefühl, alternde Menschen würden »als leichte Opfer« erkannt. Sie habe ihr Vertrauen in Menschen verloren und sehe ständig wieder den Täter auf sich zu laufen.

Für die Differenzialdiagnose wesentlich ist, dass die Patientin bis zu diesem Raubüberfall in ihrem eigenen Erleben und auch in der Wahrnehmung anderer Menschen ihrer Umgebung eher tatkräftig und mutig erlebt worden war. Sie hatte eine ganze Reihe belastender Lebensumstände gemeistert und zu keinem Zeitpunkt ihrer Biografie je unter Angstsymptomen gelitten.

In den Diagnosemanualen wird bisher nicht explizit auf die körperlichen Handicaps alter Menschen in traumatischen Situationen abgehoben. Bei vergleichbaren Attacken haben Ältere jedoch ein deutlich höheres Risiko körperlicher Verletzungen mit teilweise langwierigen Folgen (Knochenbrüche durch Sturz) und können Bedrohungserlebnisse auch weniger mit dem Gefühl beantworten, in zukünftigen Situationen besser aufzupassen (sensorische Einschränkungen) oder sich durch Kraft und Schnelligkeit wehrhaft bzw. fliehend zu sichern.

Die erhöhte körperliche Vulnerabilität im Alter kann damit als ein zusätzlicher Faktor bei der Entwicklung einer PTBS begriffen werden. Da – wie bereits erwähnt – auch Fachpsychotherapeuten dazu neigen, sich selbst angesichts massiver psychischer oder psychosomatischer Symptome traumatisierter Patienten damit zu »beruhigen«, dass solche schweren Auswirkungen ohne eine »prämorbide« Persönlichkeitsstörung oder eine spezifische Schwäche der »frühen« Objektbeziehungen nicht denkbar wären, erscheint manche psychoanalytische Fallgeschichte mit der Suche nach »frühen« Belastungserfahrungen ungemein konstruiert. Auf dem Hintergrund der skandalösen Begutachtungspraxis bei Extremtraumatisierten nach Ende der nationalsozialistischen Diktatur formulierte der Psychoanalytiker Eissler (1963) den polemischen Satz: »Die Ermordung von wie vielen seiner Kinder muss ein Mensch symptomfrei ertragen können, um eine normale Konstitution zu haben?« Es war solchen Initiativen zu verdanken, dass ein großer Teil der ursprünglich ablehnend formulierten Begutachtungen der psychischen Folgen von Extremtraumatisierungen nach dem Zweiten Weltkrieg revidiert werden mussten. – Für uns folgt daraus, dass sich Behandelnde älterer Traumatisierter selbst darüber Rechenschaft geben müssten, wie sie angesichts zukünftiger nachlassender sensorischer und motorischer Kräfte mit ähnlichen Bedrohungssituationen umgehen würden. Durch die Übernahme einer solchen Perspektive würde eine Solidarität mit den Alternden erlebt, die auch die Indikation zu psychotherapeutischen Interventionen fördern könnte.

Je nach Beeinträchtigung der (Ich-strukturellen) Fähigkeiten, sich selbst emotional zu steuern, sollte in der Behandlung aktueller oder auch lange zurückliegender Traumata zu Therapiebeginn zunächst die Fähigkeit des Patienten zur Selbstberuhigung gestärkt werden. Zur Behandlung der PTBS hat der Wissenschaftliche Beirat Psychotherapie (Bundesärztekammer/Bundespsychotherapeutenkammer) 2006 das »Eye Movement Desensitization and Reprocessing« (EMDR) als Psychotherapiemethode im Rahmen einer auf eines der beiden wissenschaftlich anerkannten Verfahren gestützten Diagnostik und

Behandlung für Erwachsene anerkannt. Eigene Behandlungserfahrungen auch mit den Folgen von Kriegskindheiten sind ermutigend.

Nach einem erlittenen akuten psychischen Trauma ist die psychotherapeutische *Erstversorgung* zur psychischen Stabilisierung nach den ersten polizeilichen und somatischen Notfallinterventionen in Nordrhein-Westfalen mit der flächendeckenden Einrichtung von Trauma-Ambulanzen nach dem Opferentschädigungsgesetz wegweisend.

In der *Frühtherapie* einer PTSD mit Albträumen, Angsterleben, vegetativen Symptomen und Desintegrationsgefühl können unterstützend Antidepressiva zur partiellen Reduktion des REM-Schlafes eine Hilfe sein, um zu einer Abschwächung quälender flashbackartiger Albträume beizutragen. Ziel einer fokaltherapeutischen, ggf. auch stationären Behandlung ist die Wiedergewinnung der Selbstkontrolle, die Wiedererrichtung der Abwehr, eine eventuelle Bearbeitung von »Überlebensschuld« und eine Reintegration der Persönlichkeit.

Behandlungsansätze nach einer *Latenzperiode* und die *Spätbehandlung* traumatischer Situationen erfordern oft auch historisch-politische Kenntnisse. Über bestimmte Signale »testen« die Patienten nicht selten die Therapeuten, ob ihnen wirklich geglaubt wird, bevor sie sich vertieft einlassen. Oft sind es erst einzelne Erinnerungsfragmente, »Filme«, die an einer bestimmten Stelle plötzlich abbrechen, die die Patienten berichten. Über eine empathische Bestätigung, dass sie selbst die Erinnerungsarbeit regulieren, können dann schrittweise weitere Bilder mit heftigen Scham-, Hass- oder Schuldgefühlen in der therapeutischen Beziehung deutlich werden.

Im Hinblick auf unsere therapeutischen Möglichkeiten ist weder ein Nihilismus, der die Betroffenen alleinlassen würde, noch ein unkritischer Optimismus angebracht: Psychotherapie kann oft nicht »heilen«, was Menschen in den seelischen Strukturen anderer Menschen zerstört haben. Die Überlebenden tiefgehender Verletzungen sollten dann zumindest nicht um unsere Solidarität und eine angemessene finanzielle Kompensation auch entsprechend unserer Sozialgesetzgebung (z. B. nach dem Häftlings-Hilfe-Gesetz, HHG, oder dem Opferentschädigungsgesetz, OEG) kämpfen müssen, wie es etwa den Opfern des Nazi-Terrors teilweise über Jahrzehnte zugemutet wurde.

4.5 Wirksamkeit von Psychotherapie im Alter

Die Wirksamkeit tiefenpsychologisch fundierter Einzeltherapie bei alten Menschen ist in einigen Studien vor allem für depressive Störungen auch im Vergleich zu kognitiv-behavioraler Therapie nachgewiesen, wobei beide Verfahren sich als gleich wirksam erwiesen (Übersicht bei Heuft u. Marschner, 1994). Für die psychoanalytische Langzeittherapie Älterer gibt es nur Einzelfallberichte (z. B. Radebold u. Schweitzer, 2001).

Für die psychodynamische Gruppenpsychotherapie mit Älteren wurde die Wirksamkeit in kontrollierten Studien für eine ganze Reihe von Störungen nachgewiesen (Depressionen; Angststörungen; psychosomatische Beschwerden; Persönlichkeitsstörungen; reaktive Störungen nach Verlusterlebnissen u. a.), wobei vergleichende Gruppentherapiestudien keine klare Überlegenheit für ein bestimmtes Verfahren ergeben haben.

Ergebnisse von Metaanalysen (Übersicht bei Schneider u. Heuft, 2001, 2011, 2012) zeigen, dass psychotherapeutische Interventionen bei Älteren sowohl als Einzel- wie auch als Gruppentherapie wirksam sind im Vergleich zu Kontrollbedingungen, wobei die kognitiv-behavioralen Verfahren bei Angst- und depressiven Störungen am besten untersucht und im Vergleich mit den psychodynamischen Verfahren gleichwertig sind. Therapeutinnen und Therapeuten mit höherer Qualifikation (Erfahrung im Umgang mit Senioren) sind erfolgreicher.

Wünschenswert wären Studien auch zu den Persönlichkeitsstörungen im Alter, die vermutlich einem Gestaltwandel im Lebenslauf unterliegen – etwa mit Therapiemethoden wie der Übertragungsfokussierten Psychotherapie (TFP) (Doering, 2016). So weicht beispielsweise das »klinische Bild« einer Borderline-Persönlichkeitsstörung im Alter mit ihren eher für 18- bis 30-Jährige formulierten Diagnosekriterien in der ICD-10 von den Befunden bei über 70-Jährigen deutlich ab, da diese vermutlich wesentlich häufiger über die präformierte Schiene des körperlichen Alternsprozesses »agieren« (können). Daher ist diese Diagnosekategorie bei Älteren sicher noch unterdiagnostiziert.

Angesichts der steigenden Anzahl Älterer und der empirischen Befunde, dass Erfahrungen in der Psychotherapie mit Älteren die Bereitschaft erhöhen, Ältere in Psychotherapie zu nehmen, und zu besseren Therapieergebnissen beitragen, ist eine stärkere Verankerung der Gerontopsychosomatik und Alterspsychotherapie in der Weiter- bzw. Ausbildung von Psychotherapeutinnen und Psychotherapeuten – auch ethisch gesehen – unabdingbar.

Literatur

Arbeitskreis zur Operationalisierung Psychodynamischer Diagnostik (Hrsg.) (1996). Operationalisierte psychodynamische Diagnostik. Grundlagen und Manual. Bern u. a.: Huber.

Arbeitskreis zur Operationalisierung Psychodynamischer Diagnostik (Hrsg.) (2006). Operationalisierte Psychodynamische Diagnostik OPD-2. Das Manual für Diagnostik und Therapieplanung. Bern: Huber.

Baltes, P. B., Baltes, M. M. (1990). Psychological perspectives on successful aging: The model of selective optimization with compensation. In P. B. Baltes, M. M. Baltes (Eds.), Successful aging – Perspectives from the behavioral sciences (pp. 1–17). New York: Cambridge University Press.

Bauriedl, T. (1980). Beziehungsanalyse. Das dialektisch-emanzipatorische Prinzip der Psychoanalyse und seine Konsequenzen für die psychoanalytische Familientherapie. Frankfurt a. M.: Suhrkamp.

Bericht zur Lage der Psychiatrie in der Bundesrepublik Deutschland (1975). Zur psychiatrischen und psychotherapeutisch-psychosomatischen Versorgung der Bevölkerung. Deutscher Bundestag, Drucksache 7/4200.

Böker, H., Northoff, G. (2005). Desymbolisierung in der schweren Depression und das Problem der Hemmung: Ein neuropsychoanalytisches Modell der Störung des emotionalen Selbstbezugs Depressiver. Psyche – Zeitschrift für Psychoanalyse und ihre Anwendungen, 9/10, 964–990.

Bräutigam, W. (1978). Reaktionen – Neurosen – Abnorme Persönlichkeiten (4. Aufl.). Stuttgart: Thieme.

Caspar, F. M., Grawe, K. (1982). Analyse des Interaktionsverhaltens als Grundlage der Problemanalyse und Therapieplanung. Forschungsberichte des Psychologischen Instituts der Universität Bern.

Cicchetti, D., Rogosch, F. A. (1996). Equifinality and multifinality in developmental psychopathology. Development and Psychopathology, 8, 597–600.

Ciompi, L. (1988). Außenwelt, Innenwelt. Die Entstehung von Zeit, Raum und psychischen Strukturen. Göttingen: Vandenhoeck & Ruprecht.

Colarusso, C. A., Nemiroff, R. A. (1987). Clinical implications of adult developmental theory. The American Journal of Psychiatry, 144, 1263–1270.

Doering, S. (2016). Übertragungsfokussierte Psychotherapie (TFP). Göttingen: Vandenhoeck & Ruprecht.

Dührssen, A. (1954/55). Das Problem der auslösenden Konfliktsituation in der Diagnostik psychogener Erkrankungen. Zeitschrift für Psychosomatische Medizin und Psychoanalyse, 1, 45–51.

Egle, T. U., Joraschky, P., Lampe, A., Seiffge-Krenke, I., Cierpka, M. (Hrsg.) (2015). Sexueller Missbrauch, Misshandlung, Vernachlässigung. Erkennen, Prävention und Therapie der Folgen früher Stresserfahrungen (4. Aufl.). Stuttgart: Schattauer.

Ehlert-Balzer, M. (1996). Das Trauma als Objektbeziehung. Forum der Psychoanalyse, 12, 291–324.

Eissler, K. (1963). Die Ermordung von wie vielen seiner Kinder muss ein Mensch symptomfrei ertragen können, um eine normale Konstitution zu haben? Psyche – Zeitschrift für Psychoanalyse und ihre Anwendungen, 17, 241–261.

Engel, P. A. (1997). Aging and care of the aged – A bio-psycho-social perspective. In T. v. Uexküll (Ed.), Psychosomatic medicine (pp. 779–787). München: Urban & Schwarzenberg.

Erikson, E. H. (1950). Childhood and society. New York: Norton. (Deutsch: Kindheit und Gesellschaft. Stuttgart: Ernst Klett, 1987)

Erikson, E. H. (1982). The life cycle completed. New York London: Norton.

Fooken, I., Heuft, G. (Hrsg.) (2014). Das späte Echo von Kriegskindheiten. Die Folgen des Zweiten Weltkrieges in Lebensverläufen und Zeitgeschichte. Göttingen: Vandenhoeck & Ruprecht.

Franz, M., Hardt, J., Brähler, E. (2007). Vaterlos: Langzeitfolgen des Aufwachsens ohne Vater im Zweiten Weltkrieg. Zeitschrift für Psychosomatische Medizin und Psychotherapie, 53, 216–227.

Freud, A. (1963). The concept of developmental lines. Psychoanalytic Study of the Child, 18, 245–265.

Freud, S. (1895). Studien über Hysterie. GW I (S. 75–312). Frankfurt a. M.: Fischer.

Freud, S. (1905). Drei Behandlungen zur Sexualtheorie. GW V (S. 27–145). Frankfurt a. M.: Fischer.

Freud, S. (1915). Zeitgemäßes über Krieg und Tod. GW X (S. 324–355). Frankfurt a. M.: Fischer.

Freud, S. (1917). Vorlesungen zur Einführung in die Psychoanalyse. GW XI. Frankfurt a. M.: Fischer.

Freud, S. (1923). Das Ich und das Es. GW XIII (S. 237–289). Frankfurt a. M.: Fischer.

Groen, J. (1982). Psychosomatic aspects of aging. In J. Groen (Ed.), Clinical research in the psychosomatic medicine. Assen: Van Gorkum.

Hartmann, H. (1939/1960). Ich-Psychologie und Anpassungsproblem. Stuttgart: Klett.

Heimann, P. (1962/1963). Bemerkungen zur analen Phase. Psyche – Zeitschrift für Psychoanalyse und ihre Anwendungen, 16, 420–439.

Heuft, G. (1990a). Bedarf es eines Konzepts der Eigenübertragung? Forum der Psychoanalyse, 6, 299–315.

Heuft, G. (1990b). Zukünftige Forschungsperspektiven einer psychoanalytischen Gerontopsychosomatik – Persönlichkeit und Alternsprozeß. Zeitschrift für Gerontologie, 23, 262–266.

Heuft, G. (1993). Psychoanalytische Gerontopsychosomatik – Zur Genese und differentiellen Therapieintegration akuter funktioneller Somatisierungen im Alter. Psychotherapie, Psychosomatik, Medizinische Psychologie, 43, 46–54.

Heuft, G. (1994). Persönlichkeitsentwicklung im Alter – ein psychologisches Entwicklungsparadigma. Zeitschrift für Gerontologie und Geriatrie, 27, 116–121.

Heuft, G. (1999a). Gerontopsychosomatik. In H. H. Studt, E. R. Petzold (Hrsg.), Psychotherapeutische Medizin. Psychoanalyse – Psychosomatik – Psychotherapie, ein Leitfaden für Klinik und Praxis (S. 277–279). Berlin u. New York: Walter de Gruyter.

Heuft, G. (1999b). Psychotherapie alter Menschen. In H. H. Studt, E. R. Petzold (Hrsg.), Psychotherapeutische Medizin. Psychoanalyse – Psychosomatik – Psychotherapie, ein Leitfaden für Klinik und Praxis (S. 381–384). Berlin u. New York: Walter de Gruyter.

Heuft, G. (2016). Not lehrt (nicht) beten. Repräsentative Studie zu religiösen Einstellungen in der Allgemeinbevölkerung und von Patienten der psychosomatisch-psychotherapeutischen Ambulanz eines Universitätsklinikums. Münster: Aschendorff.

Heuft, G., Haag, G., Bayen, U. J. (2000). Alte Menschen. Psychoanalytische Psychotherapie und Verhaltenstherapie. In W. Senf, M. Broda (Hrsg.), Praxis der Psychotherapie (S. 625–633). Stuttgart: Thieme.

Heuft, G., Herpertz, S. (1993). Stationäre Psychotherapie im Alter – Fokaltherapeutische Behandlung einer 68-jährigen Patientin mit Zwangssymptomen. Praxis der Psychotherapie und Psychosomatik, 38, 227–237.

Heuft, G., Hoffmann, S. O., Mans, E. J., Mentzos, S., Schüßler, G. (1997a). Das Konzept des Aktualkonfliktes und seine Bedeutung für die Therapie. Zeitschrift für Psychosomatische Medizin und Psychotherapie, 43, 1–14.

Heuft, G., Hoffmann, S. O., Mans, E. J., Mentzos, S., Schüßler, G. (1997b). Die Bedeutung der Biographie im Konzept des Aktualkonflikts. Zeitschrift für Psychosomatische Medizin und Psychotherapie, 43, 24–28.

Heuft, G., Kruse, A., Radebold, H. (2006). Lehrbuch der Gerontopsychosomatik und Alterspsychotherapie (2. Aufl.). München: Reinhardt.

Heuft, G., Marschner, C. (1994). Psychotherapeutische Behandlung im Alter – State of the art. Psychotherapeut, 39, 205–219.

Heuft, G., Radebold, H. (1999). Gerontopsychosomatik. In B. Jansen, F. Karl, H. Radebold, R. Schmitz-Scherzer (Hrsg.), Soziale Gerontologie. Ein Handbuch für Lehre und Praxis (S. 297–308). Weinheim u. Basel: Beltz.

Hiatt, H. (1971). Dynamic psychotherapy with the aging patient. American Journal of Psychotherapy, 25, 591–600.

Hildebrand, H. P. (1982). Psychotherapy with older patients. British Journal of Medical Psychology, 55, 19–28.

Høeg, P. (1995). Der Plan von der Abschaffung des Dunkels. München: Hanser.

Hoffmann, S. O. (1994). Angststörungen. Psychotherapeut, 39, 25–32.

Imai, T., Telger, K., Wolter, D., Heuft, G. (2008). Versorgungssituation älterer Menschen hinsichtlich ambulanter Richtlinien-Psychotherapie. Zeitschrift für Gerontologie und Geriatrie, 41, 486–496.

Jopp, D. S., Boemer, K., Rott, C. (2016). Health and disease at age 100 – findings from the Second Heidelberg Centenarian Study. Deutsches Ärzteblatt, 113, 203–210.

Klemt, A. C., Heuft, G. (2013). Versorgungssituation älterer Menschen in psychosomatischen Kliniken und Abteilungen – längsschnittliche Perspektive. Zeitschrift für Psychosomatische Medizin und Psychotherapie, 59, 290–300.

Kohut, H. (1973). Narzißmus. Eine Theorie der Behandlung narzißtischer Persönlichkeitsstörungen. Frankfurt a. M.: Suhrkamp.

Kruse, A. (2017). Lebensphase hohes Alter. Verletzlichkeit und Reife. Berlin: Springer.

Kruse, A., Schmitt, E. (2000). Wir haben uns als Deutsche gefühlt. Lebensrückblick und Lebenssituation jüdischer Emigranten und Lagerhäftlinge. Darmstadt: Steinkopff.

Kusch, M., Petermann, F. (1998). Konzepte und Ergebnisse der Entwicklungspsychopathologie. In F. Petermann (Hrsg.), Lehrbuch der Klinischen Kinderpsychologie (3. Aufl., S. 53–93). Göttingen: Hogrefe.

Lamprecht, F. (1990). Plädoyer für eine Geronto-Psychosomatik. Psycho, 6, 900–908.

Lehr, U. (1977). Psychologie des Alterns. Heidelberg: Quelle & Meyer.
Lehr, U., Thomae, H. (Hrsg.) (1987). Formen seelischen Alterns. Ergebnisse der Bonner Gerontologischen Längsschnittstudie. Stuttgart: Enke.
Lohmann, R., Heuft, G. (1997). Biographical reconstruction of WWII experience – An exploration of German remembrance. International Journal of Aging and Human Development, 45, 67–83.
Luhmann, N. (1990). Konstruktivistische Perspektiven. Opladen: Westdeutscher Verlag.
Maturana, H. R. (1987). Kognition. In S. J. Schmidt (Hrsg.), Der Diskurs des radikalen Konstruktivismus (S. 89–118). Frankfurt a. M.: Suhrkamp.
Mayer, K. U., Baltes, P. B. (Hrsg.) (1996). Die Berliner Altersstudie. Berlin: Akademie Verlag.
Müller, C. (1967). Alterspsychiatrie. Stuttgart: Thieme.
Needham, J. (1931). Chemical embryology. London: Macmillan.
Noam, G. G. (1997). Clinical-developmental psychology – toward developmentally differentiated interventions. In W. Damon, I. Sigel, K. A. Renninger (Eds.), Handbook of child psychology (5th ed., pp. 585–634). New York: Wiley.
Peters, M. (2004). Klinische Entwicklungspsychologie des Alters. Grundlagen für psychosoziale Beratung und Psychotherapie Göttingen: Vandenhoeck & Ruprecht.
Peters, M. (2014). Strukturbezogene Psychotherapie mit hochaltrigen Patienten. Psychotherapie im Alter, 11, 163–177.
Peters, M. (2017). Psychodynamische Psychotherapie mit Älteren. Eine Einführung. Göttingen: Vandenhoeck & Ruprecht.
Piaget, J. (1978). Das Weltbild des Kindes. Stuttgart: Klett-Cotta.
Platt, D. (1976). Biologie des Alterns. Heidelberg: Quelle & Meyer.
Radebold, H. (1979). Psychosomatische Probleme in der Geriatrie. In T. v. Uexküll, (Hrsg.), Lehrbuch der Psychosomatischen Medizin (S. 728–744). München: Urban und Schwarzenberg.
Radebold, H. (1992). Psychodynamik und Psychotherapie Älterer. Berlin u. a.: Springer.
Radebold, H. (2000). Abwesende Väter – Auswirkungen einer im Zweiten Weltkrieg beschädigten Kindheit. Göttingen: Vandenhoeck & Ruprecht.
Radebold, H. (2004). Kindheit im II. Weltkrieg und ihre Folgen (2. Aufl.). Gießen: Psychosozial-Verlag.
Radebold, H. (2005). Die dunklen Schatten unserer Vergangenheit. Ältere Menschen in Beratung, Psychotherapie, Seelsorge und Pflege. Stuttgart: Klett-Cotta.

Radebold, H., Schweizer, R. (2001). Der mühselige Aufbruch. Über Psychoanalyse im Alter (2. Aufl). München u. Basel: Reinhardt.
Resch, F. (1996). Entwicklungspsychopathologie des Kindes- und Jugendalters. Ein Lehrbuch. Weinheim: Beltz.
Rudolf, G. (2006). Strukturbezogene Psychotherapie. Leitfaden zur psychodynamischen Therapie struktureller Störungen (2., neu bearb. und erw. Aufl.). Stuttgart: Schattauer.
Schneider, G., Driesch, G., Kruse, A., Nehen, H. G., Heuft, G. (2006). Old and ill and still feeling well? Determinants of subjective well-being in >60 year olds: The role of the sense of coherence. The American Journal of Geriatric Psychiatry, 14, 850–859.
Schneider, G., Driesch, H., Kruse, A., Wachter, M., Heuft, G. (2003). Subjective body complaints as an indicator of somatization in elderly patients. Psychosomatics, 44, 91–99.
Schneider, G., Heuft, G. (2001). Gruppenpsychotherapie mit alten Menschen. In V. Tschuschke (Hrsg.), Praxis der Gruppenpsychotherapie (S. 312–321). Stuttgart: Thieme.
Schneider, G., Heuft, G. (2011). Organisch nicht erklärbare, somatoforme Beschwerden und Störungen im Alter: ein systematischer Literaturüberblick. Zeitschrift für Psychosomatische Medizin und Psychotherapie, 57, 115–140.
Schneider, G., Heuft, G. (2012) Angst und Depression bei älteren Menschen. Zeitschrift für Psychosomatische Medizin und Psychotherapie, 58, 336–356.
Schneider, G., Heuft, G., Kruse, A., Nehen, H. G. (1999). Risikofaktoren psychogener Erkrankungen im Alter. Zeitschrift für Psychosomatische Medizin und Psychotherapie, 45, 218–232.
Schneider, G., Kati, A., Burgmer, M., Heuft, G. (2017). Improvement of older patients' symptoms and resources in psychodynamic inpatient psychotherapy in comparison to younger patients. International Journal of Geriatric Psychiatry, 32, 464–469.
Schneider, G., Kruse, A., Nehen, H. G., Senf, W., Heuft, G. (2000). The prevalence and diagnostics of subclinical syndromes in inpatients 60 years and older. Psychotherapy and Psychosomatics, 69, 251–260.
Schneider, G., Tiemann, M., Stumpf, A., Heuft, G. (2015). Dimensions of the Operationalized Psychodynamic Diagnosis System (OPD) that predict long-term outcome after inpatient psychotherapy. Psychopathology, 48, 101–113.
Schreuder, J. N. (1996). Posttraumatic re-experiencing in older people: Working through of covering up? American Journal of Psychotherapy, 50, 231–242.

Schüßler, G., Bertl-Schüßler, A. (1992). Neue Ansätze zur Revision der Psychoanalytischen Entwicklungstheorie. Zeitschrift für Psychosomatische Medizin und Psychoanalyse, 38, 77–87 und 101–114.

Share, L. (1996). Dreams and the reconstruction of infant trauma. The International Journal of Prenatal and Perinatal Psychology and Medicine, 8, 295–316.

Spitz, R. A. (1965). The first year of life. A psychoanalytic study of normal undeviant development of object relations. New York: International Universities Press.

Sroufe, A., Egeland, B., Kreutzer, T. (1990). The fate of early experience following developmental change – Longitudinal approaches to individual adaptation in childhood. Child Development, 61, 1363–1373.

Stein, B. von der (2014). »Dann lass ich uns eine Polin kommen« – transgenerationale Traumatisierung, Ressentiments und Missverständnisse samt Reaktualisierung in Pflegesituationen. In Fooken, I., Heuft, G. (Hrsg.), Das späte Echo von Kriegskindheiten. Die Folgen des Zweiten Weltkriegs in Lebensverläufen und Zeitgeschichte (S. 125–134). Göttingen: Vandenhoeck & Ruprecht.

Sullivan, H. S. (1953). The interpersonal theory of psychiatry. New York: Norton.

Teising, M. (2017). Selbstbestimmung zwischen Wunsch und Illusion. Eine psychoanalytische Sicht. Göttingen: Vandenhoeck & Ruprecht.

Tews, H. (1974). Soziologie des Alterns (2. Aufl.). Heidelberg: Quelle & Meyer.

Uexküll, T. v. (1984). Zeichen und Realität als anthroposemiotisches Problem. In K. Oehler (Hrsg.), Zeichen und Realität. Akten des 3. Semiotischen Kolloquiums, Hamburg. Tübingen: Stauffenberg.

Werner, E. E., Smith, R. S. (1982). Vulnerable but invincible – A longitudinal study of resilient children and youth. New York: McGraw Hill.

WHO – Weltgesundheitsorganisation (2005). Internationale Klassifikation psychischer Störungen. ICD-10, Kapitel V (F). Klinisch-diagnostische Leitlinien. Hrsg. von H. Dilling, W. Mombour, M. H. Schmidt (5. Aufl.). Bern: Huber.

Winnicott, D. W. (1974). Reifungsprozesse und fördernde Umwelt. Studien zur Theorie der emotionalen Entwicklung. München: Kindler.

Wissenschaftlicher Beirat Psychotherapie (2010). Methodenpapier des Wissenschaftlichen Beirates Psychotherapie (Version 2.8). http://www.wbpsychotherapie.de/downloads/methodenpapier28.pdf (15.02.2018).

Wolf, A., Hertel, G., Schreiber-Willnow, K., Heuft, G. (2016). Follow-up Studie zur Stabilität der Symptomreduktion in einer 5-Jahres-Katamnese bei stationären Patienten über 60 Jahre. Zeitschrift für Psychosomatische Medizin und Psychotherapie, 62, 167–176.